U0113379

本书系"对外经济贸易大学中央高校基本科研业务费专项资金资助""一带一路"研究系列著作项目，"一带一路"中的海外利益保护（项目编号：ＴＳ４－１８）最终成果之一。

博士生导师学术文库

A Library of Academics by
Ph.D.Supervisors

国际合作与"一带一路"建设

熊李力　赵　洋　著

光明日报出版社

图书在版编目（CIP）数据

国际合作与"一带一路"建设 / 熊李力，赵洋著
. --北京：光明日报出版社，2023.3
ISBN 978-7-5194-7145-3

Ⅰ. ①国… Ⅱ. ①熊… ②赵… Ⅲ. ①"一带一路"
—国际合作—研究 Ⅳ. ①F125

中国国家版本馆 CIP 数据核字（2023）第 062826 号

国际合作与"一带一路"建设
GUOJI HEZUO YU "YIDAIYILU" JIANSHE

著　　者：熊李力　赵　洋

责任编辑：石建峰　　　　　　　　责任校对：乔宇佳
封面设计：一站出版网　　　　　　责任印制：曹　净

出版发行：光明日报出版社
地　　址：北京市西城区永安路 106 号，100050
电　　话：010 - 63169890（咨询），010 - 63131930（邮购）
传　　真：010 - 63131930
网　　址：http://book.gmw.cn
E - mail：gmrbcbs@ gmw.cn
法律顾问：北京市兰台律师事务所龚柳方律师

印　　刷：三河市华东印刷有限公司
装　　订：三河市华东印刷有限公司
本书如有破损、缺页、装订错误，请与本社联系调换，电话：010-63131930

开　　本：170mm×240mm
字　　数：168 千字　　　　　　　印　　张：13
版　　次：2023 年 3 月第 1 版　　印　　次：2023 年 3 月第 1 次印刷
书　　号：ISBN 978 - 7 - 5194 - 7145 - 3
定　　价：85.00 元

《"一带一路"与中国海外利益保护》系列丛书

主　编：李志永

副主编：熊李力

编委会：乔　旋　赵　洋　邱昌情

前　言

2014 年初，欧洲地缘政治形势发生剧变，俄乌关系日趋紧张，俄罗斯与美欧关系自冷战结束以后的总体缓和局面也基本画上句号。

此后，俄罗斯在欧洲陷入孤立，而俄乌军事冲突又将这种孤立推向空前的境地。本人将这种孤立理解为"普世性政策工具"或"外交社会化路径"的缺失，并在近几年发表的拙文中对此有较为详细的阐述。这里的社会指的是国际社会，其载体主要是规模大小不一的各种多边机制。外交社会化其实就是一个国家通过多边机制与其他国家塑造共有的利益或价值认同，从而实现外交政策目标。显而易见，2014 年以后，俄罗斯与外交社会化渐行渐远。今天，俄罗斯与欧洲众多邻国之间的地缘政治形势空前紧张，其中的来龙去脉值得深入观察与思考。

与此同时，自 2013 年 9 月以来，"一带一路"国际合作逐渐拉开大幕，为本人观察与思考欧亚大陆地缘政治形势提供了新的视角。如果说"普世性政策工具"或"外交社会化路径"的缺失会造成甚至加剧地缘政治困局，那么"一带一路"倡议以及由此启动的国际合作恰能弥补这样的缺失。几年来，本人一直对相关问题保持关注与思考，其间与李志永教授有过多次深入交流。李教授是本人对外经济贸易大学国际关系学院的同事，对"自主性外交"理论颇有造诣，旨在探寻国家如何在融入国际社会与保持自主性之间寻求平衡，与本人的研究有颇多相通之处。

2019年3月，李教授开始主持对外经济贸易大学"一带一路"研究专项课题，本人有幸受邀参与其中。本书即为该课题的研究成果之一，由本人与对外经济贸易大学国际关系学院的另一位同事赵洋副教授合作完成。赵教授长期潜心钻研国际关系理论，对现实问题的观察与思考也颇具理论深度，研究成果颇丰。本书首先梳理了"一带一路"国际合作的历史经纬与现实路径，指出"一带一路"国际合作蕴含着中国一步步从封闭走向开放的丰厚历史积淀，开辟了由区域合作到泛区域合作的理念与模式创新路径。本书还阐述了双边政策对接与国际安全合作在"一带一路"国际合作中的独特意义，并跳出相对宏观的国家与政府层面，对中微观市场与企业层面的第三方合作予以探析。本书的导论、第一章、第四章和结语由本人撰写，第二章、第三章由赵洋撰写。本书内容有待改进之处，恳请广大读者指正。

熊李力

2022年3月

目 录
CONTENTS

导　论

　　根据近现代一系列考古发掘成果，史前时代很可能就已出现原始的贸易。自人类开启有文字记载的历史以来，各大文明就一直不乏关于贸易或者商业的记述，西方所谓的"重商"民族自不必说，即使是传统的中国儒家社会，在"士、农、工、商"的社会等级秩序中，商人尽管地位不高，却也能占据一席之地。从史前时代原始部落间的货物交换到人类文明产生国家之后的各国通商，早在近代工业文明时代到来之前，国际贸易已源远流长。追根溯源，"一带一路"正是源于2000年前古典时代横跨亚欧非三洲的国际贸易之路。贯穿整个古典时代，贸易一直是跨国经济往来最主要的组成部分。进入近代工业文明时代之后，随着交通与通信技术的不断进步，国际贸易覆盖地域、货物门类、交易规模均出现大幅扩张。19世纪下半叶，就在国际贸易进一步走向兴盛时，为了更有效经营原料产地、拓展商品市场，欧美等国开始大规模对外投资，跨国投资在各国间经济往来中的地位大幅上升。到20世纪上半叶，贸易与投资已成为国际经济往来中并驾齐驱的两大支柱。

　　然而，列强在贸易与投资领域的无序竞争不断加剧是两次世界大战爆发的主要原因之一。鉴于沉痛的历史教训，在"二战"渐近尾声的

1944 年，反法西斯同盟国召开布雷顿森林会议，决定成立国际贸易组织（ITO）、国际货币基金组织（IMF）和国际复兴开发银行（IBRD），建立贸易—金融—投资"三位一体"的世界经济体系。尽管此后国际贸易组织并未如期成立，取而代之的是作为过渡方案的关税及贸易总协定（GATT），但从此以后，贸易自由化和投资便利化已成为全球多边经济机制的两大努力方向。这种努力既期望为世界各国创造共同繁荣与发展，也在吸取历史教训的基础上，期待通过建立全球多边自由贸易投资机制消除潜在的战争隐患。基于相似的考量，在"舒曼计划"的蓝图之上，欧洲煤钢共同体于 1951 年成立，由此启动欧洲区域一体化进程。在随后的数十年间，世界经济呈现全球化与区域化并举的趋势，区域经济合作逐渐成为大多数国家对外经济交往的重要组成部分。

20 世纪 80 年代末至 20 世纪 90 年代初，亚太区域合作开始在亚太经合组织（APEC）的制度平台上崭露头角。尽管亚太经合组织于 1994 年通过《茂物宣言》，首次设定亚太地区贸易投资自由化时间表，但该机制结构过于松散，且成员国数量过多，各国经济社会发展水平差异巨大，因此更多担当各国间多边协商和双边沟通的平台，难以有效推动实质性的亚太区域合作。直到 90 年代后期亚洲金融危机爆发，为应对危机，才以区域金融合作为先导，形成三个"10+1"机制和"10+3"机制，由此开启实质性的亚太区域合作。进入 21 世纪的头十年，从三个"10+1"机制到"10+3"机制，再到"10+6"机制，亚太区域合作稳步发展，为区域内各国共同的和平与发展提供了坚实保障与强大动力。

进入 21 世纪的第二个十年，中国提出了"一带一路"倡议，由此开启新的泛区域合作模式。相比亚太区域合作，"一带一路"国际合作不但突破了传统的地域范围限制，而且不拘泥于正式的国际条约或国际制度，更加强调政策对接、理念认同与行动协调，凸显合作形式的灵活性。特别值得一提的是，"一带一路"国际合作以基础设施互联互通作为实质性合作的第一步，这种"造血式"合作模式对于基础设施相对落后的发展中国家的经济起飞具有尤为重要的支撑作用。纵观"一带一路"国际合作的"五通"，以政策沟通为前提，以设施联通为先导，推动贸易畅通与资金融通，最终实现民心相通。"五通"层层递进，生动诠释了国际合作从经济互利到政治互信的"溢出"效应，不仅有助于各国实现共同的发展与繁荣，而且有利于优化"一带一路"沿线，尤其是欧亚大陆复杂的地缘政治环境。

现代国家作为国际社会的一员，在保持自身个体属性的同时，必然同时体现社会属性，这种社会属性的载体就是与国际社会其他成员共有的利益认同或价值认同。值得注意的是，无论是共有的利益认同还是价值认同，固然具有一定的物质基础，但也需要国家或国际机制付出外交努力予以塑造与强化。这种外交努力即外交社会化，凸显国家在国际社会中的社会属性。对于身处复杂地缘政治环境中的国家，尤其是大国而言，找到恰当的外交社会化路径显得尤为迫切。毕竟，在经济上各国相互依赖和军事上大国相互威慑的当今世界，任何国家仅仅依靠本国的经济或军事实力增长来化解地缘政治困局，往往面临相当大的风险。这种风险既缘于一国实力相比于国际社会其他国家合力的有限性，也缘于国际舆论的谴责以及国内公众的反对大幅提高了动用军事手段的门槛。因此，以外交社会化超越地缘政治困局成为各国尤其是大国外交的必由之路，"一带一路"国际合作为代表的新型泛区域合作模式正是这样的外交社会化路径。

2022年2月24日，俄罗斯在乌克兰发起"特别军事行动"。对于这一行为，国际社会出现了相当激烈的争论。有观点认为这是北约不断东扩的恶果，也有观点认为"特别军事行动"反映了俄罗斯合理的安全关切，当然还有观点认为俄罗斯的行为有悖于相互尊重主权与领土完整的国际关系基本准则。然而，"特别军事行动"是否属于俄罗斯迫于无奈的理性选择可能并不那么重要，俄罗斯在面对地缘政治困局时缺失有效外交社会化路径却是不可忽视的现实。事实上，无论"特别军事行动"最终结果如何，如何走上合适可行的外交社会化道路，都将成为俄罗斯外交必须解答的问题。尽管"一带一路"国际合作难免被俄乌冲突波及，但这场冲突也恰恰体现了"一带一路"国际合作对于超越地缘政治困局的重大意义。

"一带一路"国际合作尽管覆盖众多沿线国家，却并不是一般的多边国际机制，各国之间的双边政策对接是"一带一路"国际合作的奠基石和助推剂。"一带一路"倡议提出以来，中国在双边政策对接方面已经取得了巨大的成就。经过近十年的建设，中国同150多个国家和国际组织签署了共建"一带一路"合作协议，并将"一带一路"倡议同联合国、东盟、非盟、欧盟、欧亚经济联盟等国际和地区组织的发展和合作规划对接，同各国发展战略对接。在"一带一路"国际合作的未来发展中，各国的双边政策对接仍将是不可或缺的助推剂。

作为一项多边投资倡议，"一带一路"国际合作的重点是基础设施互联互通、贸易自由化与投资便利化以及在此基础上的经济、社会、人文等各领域的合作，安全议题并不是这一倡议的主体内容。"一带一路"国际合作不是组建军事同盟，也不是构筑集体安全体系，其开展也不会威胁任何国家的安全。但是，在"一带一路"推进的过程中，也会面临各种风险与挑战，这些风险与挑战制约着各领域合作的深入开展，而这就涉及国家间在诸多安全领域的合作。因此国际安全合作也是"一带一路"国际合作不可忽视的重要领域。

尽管国家和政府层面的沟通与规划是"一带一路"国际合作得以推进的前提条件，但是从设施联通到贸易畅通与资金融通，具体项目的合作主体往往是作为市场大潮中弄潮儿的企业。"一带一路"之所以能避免贸易与投资领域的无序竞争，之所以能成为超越国家与国家之间地缘政治困局的外交社会化路径，关键在于其开放性与包容性。第三方市场合作既是这种开放性与包容性的主要产物，也是这种开放性与包容性得以强化的实现路径。在宏观层面，第三方市场合作有助于"一带一路"倡议的贯彻与落实，有助于促进与发展国家间的经贸合作，有助于扩大各国的利益交汇点，有助于推动能源环保共同体的构建，有助于推动人类社会的可持续发展；在中微观层面，第三方市场合作有助于增强企业成本竞争力，通过企业间价格和技术优势互补实现协同效应，甚至能帮助一些企业规避政治和安全风险。

当然，"一带一路"国际合作涉及的领域绝不仅限于双边政策对接、国际安全合作和第三方市场合作。近十年来，"一带一路"国际合作也在不断与时俱进、推陈出新。不过，无论"一带一路"国际合作的参与国家、涉及领域、机制构建如何发展变化，只要能深刻理解"一带一路"国际合作的核心原则与基本内容，就能做到以不变应万变，不被纷繁复杂的事件细节所淹没。本书的内容正是着力于帮助读者理解"一带一路"国际合作的核心原则与基本内容，并建立一套不会轻易落后于时代发展与形势变化的认知框架。

第一章　"一带一路"的历史经纬与现实路径

中华人民共和国成立以来，不仅创造了举世瞩目的发展成就，而且见证了中国国际地位与国际事务参与度的不断提升。从最初被封锁、被隔绝、被孤立的历史起点出发，当代中国外交从"一边倒"到"既反帝又反修"，再到作为第三世界一员主张建立公平合理的国际政治经济新秩序，在艰难的条件下开展与国际社会良性互动的早期尝试。中国外交在 20 世纪 70 年代喜开新局，中华人民共和国于 1971 年恢复联合国合法席位，中美关系于 1972 年实现"破冰"，都是这一阶段里程碑式的重大成果。改革开放以来，中国打开国门，尝试深度对接与融入国际政治经济体系。随着中华人民共和国于 1971 年恢复在联合国的合法席位，中国开启了对接与融入国际政治体系的进程。而随着中国于 1978 年开始推进改革开放，与世界经济体系的联系也趋于密切，逐渐成为其中不可或缺的重要组成部分。自 20 世纪 80 年代开始，对中国经济而言，对外开放政策不仅拓展了空间广阔的世界贸易市场，而且带来了规模巨大的外来投资。不过，全面对外开放的意义并不止于贸易与投资层面的经济收益。随着对外开放的不断深入和国际环境的发展变化，进入 20 世纪 90 年代，亚太区域合作成为中国对外开放的新亮点，中国对国际合作的参与度逐渐由浅入深。如果说改革开放前20年中国经济的高速增长是抓住了世界经济繁荣的机遇，那么进入21世纪后，中国的经济发展更为世界带来新机遇。2001年12月，中国加入世界贸易组织，标志着"两个机遇"的时代正式拉开帷幕。进入21世纪的第二个十年，中国开始贡献世界经济年度增长的30%。不过，在国际合作的深度塑造中，中国对国际社会的贡献并不止于单纯的经济增长，从亚太区域合作到"一带一路"泛区域合作，中国不仅为各国带来了新的发展机遇，更提供了超越地缘政治困局的外交社会化路径。

第一节 从"一边倒"到APEC：
地缘政治棋局中的中国对外经济合作

20世纪50年代，中国对外经济合作在冷战的地缘政治棋局中迈开了第一步。此时，中国与以美国为首的大多数西方国家处于相互隔绝与敌对的状态。以美国为首的大多数西方国家不仅拒绝承认新中国，在政治上孤立新中国，在中国周边构建一系列军事同盟，而且对中国施行全面的经济封锁与禁运。截至1959年12月，仅有34个国家与中国正式建立外交关系。受制于当时的总体外交环境，中国对外经济合作呈现"一边倒"的态势。在相互对峙的冷战棋局中，中国对外经济合作的主要伙伴是以苏联为首的社会主义国家。

这种"一边倒"的对外经济合作固然包含基本的进出口贸易关系。中国向苏联及东欧社会主义国家主要出口农产品和矿产品等初级产品，而苏联、东德、捷克等国向中国主要出口工业制成品。在"一边倒"

的中国对外经济合作中，苏联对华经济援助占据主导地位。值得一提的是，这种经济援助并不是简单的资金援助，而是从资金和设备支持到技术输出和人才培养的全方位援助。其中最具代表性的当属依托于中国第一个五年计划（1953—1957）的"156计划"，即苏联援华的156个重点工业建设项目，涵盖钢铁、机床、锅炉、汽车、飞机、船舶等众多制造业领域。在苏联的援助下，到20世纪50年代末，中国实现了大规模工业化，初步建立了门类齐全的现代工业与国民经济体系。

在此基础上，中国开始走上进口替代的工业化发展道路，以本国产品的研发制造替代对进口产品的高度依赖。进入20世纪60年代，随着中苏交恶，中国与苏联及东欧社会主义国家之间的经济合作逐渐中断。与此同时，中国与以美国为首的大多数西方国家仍处于相互隔绝与敌对的状态。截至1969年12月，与中国建交的国家仍然不到50个，国际社会的孤立局面没有发生本质性变化。受制于这种严峻的外部环境，得益于20世纪50年代奠定的工业化基础，进口替代的发展理念继续主导中国的工业化进程。

20世纪50年代，尽管接受苏联等国的经济援助仍是中国对外经济合作的主流，但早在中华人民共和国成立之初，即已开启了对朝鲜、越南等国的经济援助。1955年万隆会议之后，中国对外经济援助开始由周边友好国家向更多的欠发达国家扩展。1956年，中国开始向非洲国家提供经济援助。20世纪60年代，随着苏联对华经济援助彻底终结，越来越多的亚非地区殖民地国家获得独立，中国对外经济合作开始由受援为主转变为援外为主。一方面，中国继续坚持"自力更生、艰苦奋斗"的进口替代发展模式；另一方面，对外经济合作的重心逐渐转向以第三世界欠发达国家为主要对象的经济援助。

20世纪70年代，中国面临的外部环境发生了巨大变化。1971年10月，中华人民共和国恢复在联合国的合法席位，这是新中国外交中卜具有里程碑意义的重大事件，意味着中国在国际法与国际制度层面开始被国际社会所接纳。与此同时，美国总统尼克松访华，中美关系解冻，中国与众多西方国家相互隔绝与敌对的状态基本结束。截至1977年12月，已与中国建交的国家达到110个。从20世纪70年代初到改革开放前的短短几年间，与中国建交的国家数量已远远超出新中国成立后前20年的建交国数量。

不过，中国对外经济合作的格局并未随着总体外交环境的变化发生立竿见影的改变。尽管中国与美国等西方国家之间的贸易关系在20世纪70年代初开始重启，但直到改革开放前，中国对外经济合作的基本格局并未改变。1974年2月，毛泽东主席在会见赞比亚总统卡翁达时，第一次系统阐释了"三个世界"理论，并于同年4月由邓小平率中国代表团在联合国大会第六届特别会议上予以详细阐述。与之相应的是，以第三世界欠发达国家为主要对象的经济援助成为中国对外经济合作的主流。1976年7月，贯通东非和中南非的交通大动脉坦赞铁路全线正式通车。这条铁路全长1860公里，是中国最大的成套援外项目。

从中华人民共和国成立到改革开放前的近30年间，进口替代成为中国经济发展的基本战略。从"一边倒"到关注第三世界，中国对外经济合作格局从受援到援外不断演进。直到被誉为又一场革命的改革开放后，中国对外经济合作格局又发生革命性的变化。

20世纪80年代，中国对外经济合作的重心转向美日欧。尽管中国以第三世界欠发达国家为主要对象的对外经济援助仍在继续，西方发达国家也启动了对华发展援助（ODA），但政府层面的受援和援外已不再居于对外经济合作的主导地位，取而代之的是市场层面的国际贸易与投资关系。因此，以西方发达国家为主要对象的促进贸易和引进外资成为中国对外经济合作新的重要内容。

在贸易领域，中国与西方发达国家互相开放市场。对西方发达国家而言，这意味着全世界最具潜力的销售市场的大门已经敞开；对中国而言，西方发达国家收入水平高，购买力强，是当时全世界最大的销售市场。中国如能充分发挥以劳动密集型产业为主导的比较优势，在与西方发达国家竞争中占据一定的市场份额，就可以获得可观的外汇收入。相比以往的进口替代发展模式，面向西方发达国家的出口创汇成为中国经济增长的新动力。20世纪90年代，出口和投资、消费成为中国经济增长的"三驾马车"。然而，仅仅依靠出口创汇并不能满足经济增长和产业升级的需求。在投资领域，引进外资是中国全新的对外经济合作模式。基于强大的对外投资能力，西方发达国家成为中国最主要的外资来源。通过大规模的引进外资，中国的经济发展获得了比以往更充足的资金。

然而，在东欧剧变、两极格局解体之际，中国所处的外部环境一度面临着巨大的不确定性。恰在此时，亚太区域合作开始出现在中国外交的谋篇布局之中。作为最早成型的亚太区域合作机制，亚太经合组织（Asia-Pacific Economic Cooperation，以下通称APEC）于1989年11月召开首次部长级会议，标志着该组织的正式成立，美国、日本、加拿大、澳大利亚等传统西方阵营发达国家均为其成员。1991年11月，中国正式加入APEC。在此后相当长的时间内，APEC帮助中国摆脱了冷战结束后可能面临的被动局面，极大地化解了外部环境不确定性可能带来的风险。

1993 年 11 月，借助 APEC 西雅图峰会平台，中美两国领导人出席 1989 年以来的首次首脑峰会。此后，一年一度的 APEC 峰会事实上为两国领导人和高级官员提供了定期会晤的平台。这种定期会晤尽管属于非正式机制，却为中美关系逐渐回归正轨创造了非常有利的条件。20 世纪 90 年代中后期，中美关系已构筑稳定健康的发展框架。除中美关系外，中国与其他诸多 APEC 成员国领导人也实现定期的双边及多边会晤，APEC 成为中国与环太平洋国家主要的高层次沟通渠道。

就中国对外经济合作而言，加入 APEC 更多地意味着对以往对外开放既定路径的延续。邓小平同志于 1992 年 1 月发表南方谈话，向世界宣示了中国沿着既定路径继续推进改革开放的决心。同年 10 月，中共十四大正式确定了建立社会主义市场经济体制的改革目标。在此背景下，市场层面的国际贸易和投资关系继续在中国对外经济合作中居于主导地位。美、日、欧等传统西方阵营发达国家仍然是中国最重要的贸易伙伴和外资来源。

第二节 从"10+3"到 RCEP：以金融合作为先导的亚太区域合作

作为最早出现的亚太区域合作机制，APEC 已经呈现一定的泛区域特征。1994 年，APEC 在印尼茂物峰会上通过了《APEC 经济领导人共同决心宣言》（通称《茂物宣言》），首次设定了亚太地区贸易投资自由化的时间表，即发达国家到 2010 年、发展中国家到 2020 年实现贸易投资自由化。然而，由于 APEC 成员为数众多且地域分布广泛，侧重于推进成员国间宏观层次的经济协调,致力于较长周期内的经济一体化,导致该机制一直以来比较松散,无法有效推动实质性的区域经济合作。因此,当亚洲金融危机于1997年爆发后,APEC难以进行有效的应对,建立更具实质性行动力的区域合作机制成为当务之急。在此背景下,比APEC成员数量更少而行动力更强的"10+3"(东盟和中、日、韩)机制应运而生。自此以后,尽管面向美日等西方发达国家的贸易与投资关系对于中国经济发展依旧具有举足轻重的影响力,但亚太区域合作开始成为中国对外经济合作新的亮点。

2000年5月,"10+3"财长会议在泰国清迈举行,此次会议通过了以双边货币互换为主要内容的"清迈倡议",标志着以区域金融合作为先导的亚太区域合作制度化进程的正式开启。随后10多年间,"10+3"机制下的区域金融合作涵盖了区域外汇储备库制度、双边货币互换制度、东亚及太平洋中央银行行长会议组织、亚洲证券分析联合会、亚洲证券投资基金年会和亚洲债券市场论坛等一系列制度安排。

区域外汇储备库是"10+3"机制区域金融合作最早的制度安排。20世纪90年代末的亚洲金融危机催生了"清迈倡议",2008年爆发的次贷危机又进一步推动了"10+3"区域金融合作机制。2008年5月,第十一届"10+3"财长特别会议通过了各国共同出资建立总规模不小于800亿美元的区域外汇储备库的决议,其中,中、日、韩三国与东盟出资比例为80∶20。2009年2月,第十二届"10+3"财长特别会议通过了将储备库规模扩大至1200亿美元的决议。2012年5月,"10+3"财长和央行行长会议通过了将储备库规模扩大至2400亿美元的决议。从2000年到2012年,从"清迈倡议"到区域外汇储备库,"10+3"区域金融合作的制度化水平有较大提升,在一定程度上缓解了金融危机对各国的冲击。

然而,区域外汇储备库在资金规模、管理方式、实际效用等方面尚存许多亟待解决的问题,制约了其及时发挥作用。在资金规模上,由表1可知,各国在区域外汇储备库中的出资额和最高借款额在该国现价国内生产总值中的占比均较低,即使占比最高的新加坡也仅分别为0.45%、0.36%。在管理方式上,区域外汇储备库不仅缺少类似秘书处的独立常设机构来管理日常运营,而且缺少独立的监督机制来对储备库和各成员国进行监测,还缺少低成本、高效率的决策机制。在实际效用上,区域外汇储备库贷款中仅有20%为自由资金,其余80%与IMF的贷款条件挂钩,受制于IMF条款,实际效用较低。

表1 2012年东盟和中日韩各国储备库出资额、最高借款额对比表(单位:万美元)

国别	出资额	最高借款额	现价GDP	最高借款额/现价GDP(%)	出资额/现价GDP(%)
中国	768000	192000	825024000	0.02	0.09
日本	768000	192000	598439000	0.03	0.13
韩国	384000	192000	115127000	0.17	0.33
印度尼西亚	95400	119250	89485400	0.13	0.11
马来西亚	95400	119250	30717800	0.39	0.31
泰国	95400	119250	37698900	0.32	0.25
新加坡	95400	119250	26794100	0.45	0.36
菲律宾	73600	92000	24066400	0.38	0.31
越南	20000	50000	13768100	0.36	0.15
柬埔寨	2400	6000	1424600	0.42	0.17
缅甸	1200	3000	5404900	0.06	0.02
文莱	600	1500	1685200	0.09	0.04

国别	出资额	最高借款额	现价 GDP	最高借款额/ 现价 GDP（%）	出资额/ 现价 GDP（%）
老挝	600	1500	926900	0.16	0.06

数据来源：各国出资额和最高借款额根据 Joint Ministerial Statement of ASEAN+3 Finance Ministers' Meetings, May 2000–Dec 2009. www. aseansec. org. 整理；现价 GDP 数据来自世界银行，由 EPS 全球数据平台整理。

除区域外汇储备库外，双边货币互换协议①也是"10+3"机制区域金融合作早期主要的制度安排。"10+3"机制中各经济体之间的双边货币互换协议一般采用两种方式：美元与当地货币互换、两种当地货币互换。"在东亚地区的双边货币互换协议网络中，货币互换的主要形式是流动性使用国以本币换取流动性提供国的美元，仅中韩、中日之间的货币互换是以本币换取本币的双向协议，以及中菲本币对本币的单向协议，日韩之间的协议则是同时包括美元对本币和本币对本币的协议。"②

表2 中国人民银行与东亚各国的双边本币互换安排

参与国家	协议签署时间	币种及规模
中国—新加坡	2013 年 03 月 07 日	3000 亿元人民币/600 亿新加坡元
中国—马来西亚	2012 年 02 月 08 日	1800 亿元人民币/900 亿林吉特
中国—韩国	2011 年 12 月 22 日	3600 亿元人民币/64 万亿韩元
中国—泰国	2011 年 03 月 22 日	700 亿元人民币/3200 亿泰铢
中国—印度尼西亚	2009 年 03 月 11 日	1000 亿元人民币/175 万亿印尼卢比
中国—韩国	2008 年 12 月 12 日	1800 亿元人民币/38 万亿韩元

数据来源：由中国人民银行网站资料整理。

---

① 此处讨论的双边货币互换协议是指两国政府间签订的货币互换协议，以稳定外汇市场、危机时获得流动性等为目的，不同于商业性货币互换协议。

② 杨权. 全球金融动荡背景下东亚地区双边货币互换的发展——东亚金融合作走向及人民币角色调整 [J]. 国际金融研究, 2010（06）：30–40.

以中国为例,自 2008 年 12 月至 2013 年 6 月,中国人民银行与"10+3"机制其他成员签署了 6 个双边本币货币互换协议。至 2013 年 6 月底,双边本币货币互换协议总规模已达到 1.19 万亿元人民币(见表 2)。目前各国双边货币互换的规模较小,双边货币互换协议组织结构比较松散,成员国通过自愿谈判签订,程序复杂,协调难度大,难以形成合力。同时,协议仅停留在承诺层面,实际操作中并未汇集资金。"由于'清迈倡议'下的双边货币互换中 80%要与 IMF 贷款条件相挂钩,相关国家都不愿置于 IMF 的贷款条件之下,使得大部分的货币互换仍然停留在纸面上,实际使用率并不高。"① 应对金融危机时,能否及时启动协议向他国提供资金具有极大的不确定性。而特定的双边货币互换极易产生政治摩擦或过度依赖,最终发展成政治敏感问题。

就国际制度安排而言,制度化水平的高低体现于正式化、集中化和授权化三个基本维度。正式化以正式的国际条约为基本制度载体,是指明确阐述和公开批准国家间的行为规则。在正式化的基础上,国际制度的制度化水平可通过集中化的维度衡量。集中化以一般的正式国际组织为基本制度载体,是指建立具体而稳定的组织结构和行政设施以管理广泛的集中性活动,包括发布信息、统一协商、制定标准、促进规则实施等。在集中化的基础上,国际制度的制度化水平可通过授权化的维度衡量。所谓授权化,即国际组织作为国际制度载体被授予实施、解释和运用规则、解决冲突和制定后续规则的权力。②

---

① 陈凌岚,沈红芳. 东亚货币金融合作的深化:从"清迈倡议"到"清迈倡议多边化"[J]. 东南亚纵横,2011(05):36-40.

② 田野. 国际关系中的制度选择:一种交易成本的视角 [M]. 上海:上海人民出版社,2006:127-130.

至 2013 年 6 月，除区域外汇储备库制度和双边货币互换协议外，东亚区域金融合作的既有制度安排还包括：东亚及太平洋中央银行行长会议组织，主要探讨区域金融体系建设及加深各国中央银行和货币当局间的关系；亚洲证券论坛，主要讨论东亚证券市场的区域合作；亚洲证券分析联合会，主要探讨亚洲证券分析的资格标准和资格考试等；亚洲证券投资基金年会和亚洲债券市场论坛，主要研究促进亚洲债市规则标准化、政策协调化以及区域债市整合。在"10+3"区域金融合作机制中，上述制度安排尽管由区域内各国通过正式协议建立，具有较高的正式化水平，但由于缺乏稳定的常设机构，集中化程度较低，授权化程度则几乎为零，因此并不具备强大的跨国执行力。

由此可见，"10+3"机制最初的区域金融合作集中在政府层面的制度培育，在政策对话、信息交互建设、汇集资金等方面取得了一定的进展。然而，由于主导制度框架的不足和可行操作路径的缺失，在很长一段时间内，"10+3"区域金融合作的制度化进程中，政府层面的制度培育效应并不突出。这种制度培育困局一度导致区域金融市场发展和区域金融一体化进展缓慢。

自成立以来，受地缘政治环境的影响，"10+3"机制长期受制于主导制度框架的不足。亚太区域内的政治环境是区域合作制度化水平提升的直接障碍。根据欧洲和北美区域合作的经验，具有强大国际制度塑造力和运行力的行为体往往对区域合作具有主导性的推动作用，如欧洲的法德两国和北美的美国。而在亚太地区，由于历史问题、领土争端等原因，具有这种制度塑造力和运行力的中日两国政治互信度较低，难以在相互协作的基础上在区域合作中发挥主导性推动作用。因此，从"10+3"到后来的"10+6"区域合作机制均呈现出东盟主导的"小马拉大车"模式。然而,东盟因自身的实力有限,并不足以在亚太区域合作中担当主导角色。在区域金融合作中,东盟这匹"小马"的经济实力局限尤为突出,更难发挥实质性的积极影响。在相当长时间内,无论是中日还是东盟,作为主导力量推动区域金融合作都面临诸多困难。

2009 年以后,美国奥巴马政府抛出"亚太再平衡"战略,也对"10+3"机制下的金融合作制度化水平提升有较大制约。美国以其超强的政治、军事和经济影响力成为"10+3"机制最重要的外部因素,其并不支持自身未参与的"10+3"及"10+6"机制,更倾向于支持美国参与并能在其中发挥主导性影响的亚太区域合作机制。自 2009 年至 2016 年几乎贯穿奥巴马的八年总统任期,美国在亚太主要推动的区域合作制度平台是包括亚洲、美洲、大洋洲多国在内的"跨太平洋伙伴关系协定"(Trans-Pacific Partnership,下文通称 TPP)。相比较小范围的"10+3"区域金融合作,"跨太平洋伙伴关系协定"吸纳美国、加拿大等太平洋沿岸的美洲国家。太平洋西岸的中日韩等东亚国家和太平洋东岸的美加墨等美洲国家分别推进区域金融合作尚存较大障碍,统一推进更大范围的跨太平洋金融合作更是困难重重。

"10+3"机制不仅受制于主导制度框架的不足,而且缺乏可行的操作路径。根据已有的历史经验,按照制度化水平由高到低排列,区域金融合作的具体操作路径依次为:区域统一货币、区域货币基金、国家间货币互换。就长期以来亚太区域金融合作的制度化水平而言,前两种路径的可行性相当有限,第三种路径又难以实现区域金融合作制度化水平的提升。在亚太区域金融合作中,政府层面具备可行性的操作路径呈缺失状态。

区域统一货币处于区域金融合作制度化水平最高的授权化阶段。在东亚区域金融合作中，区域统一货币即统一东亚货币，需要东亚各国放弃货币发行权、货币政策和财政政策决策权，将其让渡给统一的制度载体。由于东亚各国尤其是作为最大经济体的中日两国之间政治信任度有限，这种权力让渡显然难以实现。除主观政策因素外，就客观经济条件而言，东亚各国经济发展水平差距较大，也导致区域统一货币不具可行性。

区域货币基金处于中等制度化水平的集中化阶段，运作门槛低于区域统一货币，并不需要各国放弃货币主权，只需要成立统一的国际机构行使必要的集中化功能。在亚太区域金融合作中，区域货币基金即亚太货币基金。然而，围绕各国出资比例、管理机构、基金用途等一系列问题，区域内各国一直存在较多争议，难以形成统一的方案。

国家间货币互换由各国政府间通过缔结正式协议实现，处于区域金融合作初级制度化水平的正式化阶段。在"10+3"机制下的金融合作中，国家间货币互换机制结构较为松散，不具备政策协调功能，缺乏及时性，难以建立高效清算和支付体系，从而实现稳定汇率、稳定金融市场、反洗钱等金融合作目标。换言之，亚太区域货币互换机制虽然是正式化的制度安排，但缺少具体而稳定的组织结构和行政设施，难以管理广泛的集中性活动。

在此背景下，市场运作具有独特的优势，可以弥补东亚区域金融合作中政府层面制度培育的不足。通过市场层面的制度塑造，加强区域货币合作，促进区域资本市场合作，可以实现对金融资源的整合效用，从而推动区域金融合作。亚太区域金融合作市场层面一直以来的制度化路径主要包括：区域内银行跨境经营、债券市场合作、证券市场合作。21世纪以来，"10+3"机制在区域金融合作实践中，银行跨境经营对区域金融合作的推动效用最为明显，债券市场合作次之，证券市场合作最弱。

区域内银行跨境经营主要包括跨境贸易本币结算和商业银行跨境经营两种方式。跨境贸易本币结算业务发展对于区域内各国金融机构的跨境经营提供了很大空间，进而推动区域金融合作。以中国的跨境贸易人民币结算为例，"跨境贸易人民币结算指通过境内代理银行、港澳人民币业务清算行或境外机构在境内开立的人民币银行结算账户办理跨境贸易、其他经常项目、境外直接投资、境外贷款业务和经中国人民银行同意的其他跨境投融资人民币结算业务"①。2009 年 7 月 1 日，中国人民银行等六部门联合发布《跨境贸易人民币结算试点管理办法》，共同推动人民币跨境结算业务。至 2013 年 4 月底，银行累计办理跨境贸易人民币结算 6.8 万亿元。②

商业银行跨境经营是区域金融合作在市场层面的主要成果。以中国为例，商业银行跨境经营的一方面是国内金融机构"走出去"。至 2015 年，中资银行在东盟国家已设有 8 家分行。借助跨境结算业务的推动，中国的商业银行以清算行模式在东亚区域内的跨境经营开始快速发展。③2013 年 4 月，中国工商银行正式在新加坡建立人民币清算行，成为中国首家在外国开设的人民币清算行。中国工商银行万象分行获准成

---

① 中国人民银行. 中国人民银行关于明确跨境人民币业务相关问题的通知：银发 [2011] 145 号 [A/OL]. (2011-06-03) [2020-07-26]. http://www.pbc.gov. cn/tiaofasi/144941/3581332/3586863/2018072609125375145.pdf.

② 中国人民银行. 金融统计数据报告 [R/OL]. (2010-02-11) [2020-07-27]. http://www.pbc.gov.cn/publish/goutongjiaoliu/524/index_11.html.

③ 清算行模式是指客户将款项付到境内清算银行之后，境内清算银行要将汇款指令发送到央行大额支付系统，再通过境内银行的海外当地机构进行人民币资金的跨境结算和清算，最后将指令发到海外当地参加行。

为老挝唯一的人民币清算行。中国银行获准成为马来西亚人民币业务清算行。商业银行跨境经营的另一方面是国外金融机构"引进来"。2006年，中国银行业全面对外开放，外资银行在中国境内享受国民待遇。"东盟国家在华设立 7 家外资法人银行、6 家外国银行分行。东盟在中国的银行机构资产总额近 2000 亿元人民币，自 2003 年以后年均增长达38%。"① 随着"10+3"各国人民币业务的高速发展，结合中国的地缘优势，跨境贸易本币结算为中国商业银行提供了更广阔的业务空间。商业银行通过跨境经营获得更大业务空间的同时，也在市场层面推动了东亚区域金融合作。

　　相比区域内银行跨境经营，区域债券市场合作处于区域金融合作在市场层面的更高阶段，具体操作领域主要包括：区域内本币债券市场合作、区域内债券投资与发行。进入 21 世纪后，"10+3"区域内本币债券市场规模增长迅速。据亚洲开发银行 2013 年 3 月发布的《亚洲债券监测》报告显示，"10+3"区域内本币债券市场规模从 2001 年的 1 万亿美元增长至 2012 年底的 6.5 万亿美元。② 同时，东盟"10+3"债券市场论坛和亚洲开发银行联合编写的《东盟"10+3"债券市场指南》的统计数据显示，截至 2012 年 3 月底，"10+3"区域内未清偿债券余额占全球总量的 8.6%，而 1996 年这一数字仅为 2.1%。不过，与债券余额占全球总量 17.4%的日本和 38.7%的美国相比，亚洲债券市场仍有

① 聂伟柱. 银行累计办理跨境贸易人民币结算量 3.8 万亿元 [N]. 第一财经日报，2012 (09).

② Asia Development Bank. Asia Bond Monitor - March 2013 [R/OL]. (2013-03-18) [2020-07-28]. https：//www. adb. org/publications/asia-bond-monitor-march-2013.

很大发展潜力。① 本币债券市场的增长为东亚区域债券市场发展打下基础，成为推动"10+3"区域金融合作的重要路径。然而，由于东盟"10+3"债券缺少市场基础设施、信用评级机构、区域担保体系等配套保障，本币债券市场还面临诸多困难。

"10+3"机制各经济体是世界债券市场的主要投资者之一，但相比区域内本币债券市场合作，区域内债券投资与发行比较滞后，区域内跨境投资在债券投资总额中占比较低。"从'10+3'机制债券跨境投资的实际情况来看，区域内部的债券投资在21世纪前10年有所增长，但相比区域内总体跨境投资而言，则显得增长十分缓慢或者说是近乎倒退。"② "2011年全年，日本在区域内的跨境债券投资约占债券投资总额的1%，韩国在东亚的投资比例约为6%，印度尼西亚约为4%，新加坡约为12%，印度尼西亚为2%。"③ 由于政府管制、税收制度和法律法规的不统一，清算结算系统不完善，市场信息不对称的负面影响，东亚区域内跨境债券投资和发行的进一步发展受到限制。

区域证券市场合作堪称区域金融一体化在市场层面的高级阶段。经济全球化、欧盟股票市场一体化以及"10+3"机制各经济体资本市场的高速发展，推动了"10+3"机制各经济体在证券交易所、交叉上市、交叉投资等方面的，证券市场合作反过来又有助于区域金融一体化的推

① ASEAN+3 Bond Market Forum（ABMF）and Asia Development Bank. ASEAN+3 Bond Market Guide［R/OL］.（2012-09-01）［2020-7-29］. https：//www. adb. org/publi-cations/asia-bond-monitor-september-2012.

② Atushi Takeuchi. Impediments to Cross-border Bond Investment and Issuance in Asian Countries［J］. BIS Papers，2005（30）：246-260.

③ IMF. Coordinated Portfolio Investment Survey（CPIS）Database［R/OL］.（2011-03-21）［2020-7-30］https：//data. imf. org/? sk = B981B4E3-4E58-467E-9B90-9DE0C3367363.

进。区域证券市场合作主要体现在两方面：区域内证券交易所合作和区域内交叉上市与交叉投资。

"10+3"机制各成员国证券交易所之间的合作主要是通过跨地区的交易所联合会——东亚及太平洋地区交易所联合会（RAOSEF）、亚太证券交易所（APX）进行多边合作。而"10+3"机制各国证交所之间较少进行实质性的双边合作。具体而言，新加坡证券交易所主要是与欧美国家的证券交易所合作，东京证券交易所与中国、韩国的证券交易所达成了小规模的合作协议，老挝证券交易所与柬埔寨证券交易所在组建模式上非常相似，都有韩国证券交易所参股并主要提供技术支持，老挝证券交易所51%的股权属于老挝银行，49%的股权属于韩国证券交易所。柬埔寨证券交易所目前分别由柬埔寨财经部（占55%股份）与韩国证券交易所（占45%股份）出资组成。

在区域内交叉上市与交叉投资方面，区域内的大型企业更多选择在区域外交易所上市筹集资金，少量选择在新加坡、日本、中国等国的交易所上市；交叉投资方面，区域内的中国、日本、韩国、新加坡等证券市场吸引了众多国际投资者，主要是来自东亚区域外的投资者，东亚区域内的投资者较少。"在香港，1/3以上的交易量来自非本地居民，但其中只有1/5的交易量与亚洲居民有关。在日本、泰国、韩国，外国股东占了将近30%，但只有少数来自亚洲其他国家。在供给方面，在亚洲各交易所上市的公司至少95%是国内公司，而美国和欧元区这一数字为85%。"①

相比区域内银行跨境经营和区域债券市场，"10+3"区域证券市场合作进展缓慢，证券交易所、交叉上市、交叉投资等方面的合作未能迅

---

① 郑海青. 东亚区域内金融一体化如何提速［N］. 第一财经日报，2008（08）.

速发展，主要受制于区域内各国经济发展水平的不平衡，尤其是证券市场发展水平的不平衡。这种不平衡在一定程度上制约了证券市场的流动性和效率，而市场效率低下又阻碍了投资者在区域内的投资，使区域内各国的银行储蓄流向区域外国际金融市场，很难及时为区域内的经济发展服务。

尽管金融合作是"10+3"区域合作的先导，最初源自"10+3"各成员国政府为应对20世纪90年代亚洲金融危机的政策沟通，但金融市场的制度进化有赖于市场的成长。如果仅有各国政府的政策沟通，缺乏可行的市场路径，很难有效提高区域金融合作效能，区域金融一体化更无从谈起。进入21世纪以来，"10+3"机制各成员国金融体系的高度银行化促使区域内银行跨境经营成为推动区域金融合作最有效的方式。相比之下，受资本市场实际发展情况的制约，区域债券市场合作与证券市场合作对区域金融合作的推动作用有限。鉴于"10+3"区域金融合作的现实条件，未来较长时期内市场层面的制度塑造重点在于推动区域内银行跨境经营。

有鉴于此，结合"10+3"区域金融合作市场层面的既有制度路径，有必要对重要的市场行为体——银行金融中介的行为策略进行研究，探索通过繁荣市场推动亚太区域金融合作的可行路径。由于市场有其自身内在逻辑，因此，借亚当·斯密（Adam Smith）所述"看不见的手"推动东亚区域金融合作可以采取更加灵活、务实、变通的措施鼓励区域内各国银行进行市场联合。在WTO许可的大框架下，灵活采取"民间主导+政府默许"的模式，充分实施市场规则。亚太区域内的现代市场经济中，几乎所有的金融活动都是以银行金融中介为中心展开的。加强协调并整合银行金融市场，促进市场规模扩大，以市场塑造制度可以有效地推动东亚区域金融合作。

在参考日本东京证券交易所常务执行董事清水寿二提出的双边市场联合模型的基础上，图1的金融中介机构双边市场联合模型展示了市场层面推动区域金融合作的具体路径。在金融市场中，交易参与者的市场行为通过银行的跨境经营进行资金融通、支付结算并获得金融服务。因而两国银行之间相互合作并进行市场联合，协助两国交易参与者建立联系，可以降低交易成本，消除不确定性，减少跨境交易风险。

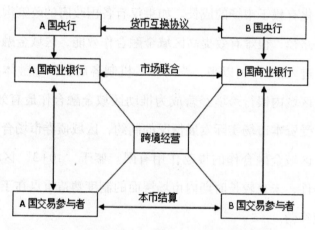

图1　金融中介机构银行的双边市场联合模型

在市场层面推动区域金融合作的第一条路径当属通过商业银行利用货币互换资金进行支付结算。进入21世纪以来，"10+3"机制各经济体签署的货币互换协议数量增多，以本国货币为抵押换取等额对方货币的规模不断扩大，但互换双方将资金储备用于应对经济危机，必要时才向两地商业银行设于另一方的分支机构提供短期流动性支持，使用率较低。2013年1月27日，韩国央行首次动用与中国货币互换获得的人民币资金，向韩国外换银行（Korea Exchange Bank）发放6200万元人民币贷款，而韩国外换银行将这笔资金通过贷款发放给韩国企业，用于其使用人民币向中国贸易伙伴支付货款。一方面，将他国货币注入本国金融体系，本国商业机构由此获得渠道筹集他国货币，用于支付从他国进口的商品。通过银行使用互换货币进行贸易结算，既可发掘市场层面货币互换的实际用途，又能解决协议停留在纸面的问题，同时提高了资金使用效率。在双边贸易中，出口企业收到本币计值的货款，可以规避汇率风险、降低汇兑费用。另一方面，事先汇集货币协议中约定的外汇资金，一旦危机发生，也能够及时、便捷地启动协议中约定的资金，降低不确定性。

在市场层面推动区域金融合作的另一条路径是通过商业银行跨境经营提供资金融通和金融服务。银行跨境经营在亚太区域金融合作中较为突出。以中国为例，中国银行、中国工商银行、中国建设银行、交通银行已相继在区域内其他国家开设分支机构。这些银行为中国商人和企业的海外业务拓展提供各种金融服务，加强了跨境金融同业合作，同时也为当地工商企业的发展提供资金支持。相比之下，证券公司、基金管理公司等非银行金融机构进行跨境经营的步伐比较缓慢。

亚太区域资本市场若要获得更大发展，应有一批能参与国际资本市场角逐的银行金融机构先行发展。东盟 10 国的资本市场发展较为稚嫩，需要经验丰富的银行金融机构提供更为专业的投资、理财、咨询、投资者教育等服务。此外，银行金融机构的发展还可以为证券公司、基金公司等非银行金融机构的跨境发展提供机会。总而言之，通过银行金融机构的跨境经营编织跨境金融机构网络，可以深化各国之间的金融联系，从根本上促进亚太区域金融合作。

无论国内规则还是国际制度，制度设计或源自政府层面的培育，或源自市场层面的塑造，或兼而有之。政府培育层面和市场塑造层面之间既可能相互促进，也可能相互制约。就"10+3"机制区域金融合作的既有制度安排而言，在复杂的国际政治环境中，由于主导制度框架的不足和可行操作路径的缺失，政府层面的制度培育面临较大障碍。纵观"10+3"机制区域金融合作的发展历程，通过市场层面的制度塑造，即区域内银行跨境经营、债券市场合作、证券市场合作等市场路径，加强跨境货币合作，促进跨境资本市场运作，可以实现对区域内金融资源的整合。在此基础上，区域内各经济体可以运营支付结算、资金融通、金融服务等银行跨境业务，从而促进区域金融合作。在"10+3"区域金融合作中，以市场层面的制度塑造弥补政府层面制度培育的不足可以提升区域内各经济体金融市场的相互依赖度，反过来可以推动各国的政府间合作。从最初的"10+3"到后来的"10+6"，再到今日的"区域全面经济伙伴协定"（Regional Comprehensive Economic Partnership，以下通称 RCEP），市场层面和政府层面的良性循环正在形成，亚太区域金融合作仍在继续推进。

20 世纪 90 年代末的亚洲金融危机催生了"10+3"机制，金融合作成为亚太区域合作实质性行动的先导。尽管如此，金融合作只是最近 20 多年来亚太区域合作的一部分。事实上，进入 21 世纪以来，"10+3"机制远不止于金融合作，甚至并不局限于经济合作。早在 2002 年，以"10+3"机制为平台，中国与东盟国家共同探索南海安全的集体管控，并出台了《南海各方共同行为宣言》。20 多年来，"10+3"机制以经济合作为重点，逐渐向政治、安全、文化等领域拓展，在外交、经济、财政、农林、劳动、旅游、环境、文化、打击跨国犯罪、卫生、能源、信息通信、社会福利与发展、政府管理等领域建立了约 50 个不同层次的对话机制，每年召开首脑会议、部长会议、高官会议和工作层会议，形成了多层次、宽领域、全方位合作的局面。

2005 年，在日本的大力推动下，新西兰、澳大利亚、印度和原有的"10+3"成员国一起构建了"10+6"机制。尽管日本这一举措的目的很大程度上在于弱化"10+3"机制在亚太区域合作中的主导地位，但亚太区域合作十几年来的实践历程充分证明，"10+6"机制是"10+3"机制的派生版，二者齐头并进、相辅相成，共同造就了今日的RCEP。从"10+3"到"10+6"再到 RCEP，亚太区域合作的主导制度平台已然成型。不过，这种一脉相承并非一蹴而就、水到渠成。在奥巴马政府执政的 8 年间，对 TPP 机制予以强力推动，不仅对前文所述的"10+3"金融合作形成制约，而且给亚太区域合作整体制度化进程带来相当大的不确定性。

TPP 脱胎于 2006 年开启的"太平洋四国"（Pacific-4）机制，创始成员国为智利、新西兰、文莱和新加坡。因为这 4 个国家的经济规模都不大，所以这一合作机制在问世之初并未获得外界太多关注。2008年 9 月，在时任美国贸易代表苏珊·施瓦布的提议下，小布什政府向美国国会通报了参与 TPP 谈判的政策愿景。尽管随后由于美国政府换届，执政的民主党内部尚未就美国的外交与贸易政策达成共识，美国参与TPP 谈判的政策动议被暂时搁置，但苏珊·施瓦布的提议已为奥巴马政府的亚太政策奠下基石。在 2009 年 11 月的 APEC 新加坡峰会上，奥巴马总统宣布美国将正式加入 TPP 谈判。在此前后，澳大利亚、秘鲁、越南、马来西亚也先后加入 TPP 谈判。原本并不引人注目的 TPP 机制开始引起有关各方的关注，自此成为亚太区域合作的新热点。TPP 机制究竟会对亚太区域合作造成何种影响？美国推动 TPP 谈判的意图何在？

中国面对 TPP 的发展应有何种区域战略设计? 这些问题一时都成为各国政界、商界和学界密切关注的焦点。

TPP 机制的发展使原本以"10+3"和"10+6"为制度化主轴的亚太区域合作一时面临较大的不确定性。TPP 成员国地域跨度大、涉及利益复杂、谈判成本较高,相比此前既有的区域合作机制,不仅产业保护作用较弱,而且有"溶解"既有区域合作机制(包括设想中的"东亚经济共同体"①)之势,对区域内一些国家的相关产业造成了一定冲击。与此同时,经过多年的经济高速发展,中国在国内和国际方面都面临着结构性调整的压力,在国内需要逐渐改变劳动密集型产业和出口导向的经济发展模式,在国际上需要调整外交战略以适应新的国际角色。TPP 机制与这两个结构性调整都密切相关,不仅涉及中国国内的经济转型前景,还关系到进入 21 世纪之后的中国外交战略,尤其是亚太区域战略。

美国是 TPP 成员中首屈一指的经济体,其经济规模超过其他 11 个成员之和。根据国际货币基金组织的统计数据,2012 年美国的 GDP 约为 15.68 万亿美元,比 TPP 谈判方中的第二号经济体日本高出近 10 万亿美元,包括日本在内的其他 11 个 TPP 谈判方的 GDP 总和约为 11.88 万亿美元。② 因此,美国强势参与 TPP 机制对亚太区域合作的发展进程具有不可忽视的影响。具体而言,美国之所以强势参与 TPP 机制,其中既有推进"亚太再平衡"(Asia-Pacific Rebalance)的外交战略考量,

---

① Nick Bisley. East Asia's changing regional architecture: towards an East Asian economic community? [J]. Pacific Affairs, 2007 (80): 603-625.

② International Monetary Fund, World Economic Outlook Database. Report for Selected Countries and Subjects [R/OL]. (2013-04-16) [2020-07-31]. http: //www. imf. org/external/pubs/ft/weo/2014/01/weodata/weoselco. aspx? g=2001&sg=All+countries.

也有对经济利益的追求。

美国对 TPP 机制的大力推动始于奥巴马第一任期伊始的 2009 年。在宣布参与 TPP 谈判的前夕，奥巴马政府在亚洲实施了一系列具体的政策行动。2009 年 2 月，希拉里·克林顿一改美国国务卿上任后首次出访目的地必为欧洲的传统，将首次出访的目的地定在亚洲，宣布美国"既是跨大西洋也是跨太平洋大国"①。与此同时，希拉里·克林顿和时任国防部长罗伯特·盖茨携手推动美韩 FTA 谈判，并积极介入南海争端，声称"南海的航行自由、亚洲海域的开放度和对国际法的尊重关乎美国的国家利益"。② 2009 年 7 月，美国签署《东南亚友好合作条约》（Treaty of Amity and Commerce），为美国参加东亚峰会铺平了道路。

经过一系列的政策铺垫，奥巴马于 2009 年 11 月 13 日飞抵日本，开始了其上任后的首次亚洲之行。随后，奥巴马相继访问了新加坡、中国和韩国。虽然奥巴马在就任总统的第一年内即实现访华，且此次亚洲之行的几站中在华停留时间最长，但从行程安排上不难看出，奥巴马在显示对中美关系重视的同时，十分注重避免给外界留下美国和亚太盟国的关系被置于中美关系之下的印象。恰在此次亚洲之行期间，奥巴马选择在其开始访华的前一天，在其出席的首次 APEC 峰会上正式宣布美国将参与 TPP 谈判，更是充分表明了美国"重返"亚洲和高度重视亚太盟国的政策姿态。

对于"10+3"和"10+6"等美国没有参与的区域合作机制，美国

① U. S. Department of State, Sec. Hillary Clinton. U. S. -Asia Relations: Indispensable to Our Future ［EB/OL］. （2009-02-13） ［2020-08-01］. https: //2009-2017. state. gov/secretary/20092013clinton/rm/2009a/02/117333. html.

② Mark Landler. Offering to Aid Talks, U. S. Challenges China on Disputed Islands ［N］. New York Times, 2010 （07）.

政界和学界并未掩饰其担忧和不满。奥巴马总统在宣布美国加入 TPP 谈判时，明确表示希望 TPP 成为 21 世纪推动亚太区域经济一体化最为有效的机制。① 在亚太地区大力推动 TPP 谈判，最终以其取代"10+3"和"10+6"等机制，是奥巴马政府实施"亚太再平衡"战略最具影响力的具体途径。尽管美国政府从未公开声明推动"亚太再平衡"意在制约中国，但外界对此的猜测从未平息，而美国自身的政策动向也无法完全排除这种可能——近年来美国政府多次明确表示要将战略重心从欧洲向太平洋转移，② 并在亚太地区展现实力，试图以此消除盟友对其安全承诺的怀疑。在奥巴马因政府停摆未能参加 2013 年 10 月的 APEC 峰会后，为显示其重返亚洲（Pivot to Asia）的战略决心未变，美国于 10 月底在中国南海海域进行了较大规模的军事演习。③

美国大力推动 TPP 谈判与 APEC 结构的松散化不无联系。在 APEC 成立之初，美国曾寄希望其推动亚太自由贸易区（FTAAP）谈判。在此背景下，APEC 于 1994 年通过《茂物宣言》，首次设定亚太地区贸易投资自由化时间表。然而，20 世纪 90 年代末，美国对以 APEC 为平台推动亚太自由贸易区谈判丧失信心。在 2001 年"9·11"恐怖袭击后，美国小布什政府更是将 APEC 作为讨论全球安全议题和反恐战争的讲坛。2003 年，美国贸易代表强调，美国将双边自由贸易协定视作未来

① Office of the United States Trade Representative.. FACT SHEET：The United States in the Trans-Pacific Partnership：Increasing American Exports，Supporting American Jobs［EB/OL］.（2012-07-05）［2020-08-02］. https：//ustr. gov/about-us/policy-offices/press-office/fact-sheets/2012/june/us-tpp-increasing-american-exports-supporting-a-merican-jobs.

② Jim Garamone. Rice Re-emphasizes Importance of U. S. Shift to Pacific［N］. American Force Press Service，2013（11）.

③ Joseph Santolan. American's "Pivot to Asia" Threatens China：U. S Stages Show of Navy Force in South China Sea War Games［N］. Global Research，2013（10）.

推动贸易自由化的最佳路径。2006年，小布什政府开始表示建设亚太自由贸易区的主张"值得认真思考"。直到奥巴马就任总统后，美国政府才开始考虑以TPP为平台推动亚太自由贸易区建设，并很快付诸实施。

奥巴马政府大力推动TPP谈判也有经济利益的考虑。奥巴马总统在2010年美国贸易政策制定中提出"五年出口倍增计划"，希望通过建立自由贸易体系开拓亚太市场，实现未来五年美国出口额的翻倍，由此重振美国的实体经济，增加就业岗位200万个。①推动TPP谈判正是美国实现这一计划的具体途径，目标是扩大对日本等经济规模较大的TPP谈判方的商品出口。TPP谈判以高水准的贸易自由化为目标，要求日本等谈判方在货物贸易领域遵循所有商品项目逐步降低直至最终取消关税的原则。② 作为"五年出口倍增计划"的重要一环，奥巴马政府希望借助TPP谈判敦促日本等国推进贸易自由化，对美国商品进一步开放市场，从而逐步缩小美国对外贸易逆差。

美国在加入TPP谈判之初，和其他谈判方共同设置了颇具雄心的谈判时间表，即在2011年11月美国主办APEC夏威夷峰会之前完成全部谈判。为此，TPP各谈判方2010年内即在墨尔本、旧金山、文莱和奥克兰先后举行了四轮谈判。2010年3月的第一轮墨尔本谈判，TPP机制设置了十项谈判议题，包括工业品、农业、卫生标准、检疫标准、电信服务、金融服务、原产地规则、政府采购、环境、贸易能力建设。

---

① Office of the United States Trade Representative. 2010 Trade Policy Agenda and 2009 Annual Report 'Chapter I – The President's Trade Policy Agenda' [R/OL]. (2010-10-01) [2020-10-11]. https: //ustr. gov/2010-trade-policy-agenda.

② 内阁官房. TPP 协定交涉の现状（说明资料）. TPP 交涉で扱われる分野 [EB/OL]. (2013-04-03) [2020-08-03]. https: //www. mofa. go. jp/mofaj/gaiko/tpp/index. html.

2010年10月的第三轮文莱谈判，谈判议题被进一步扩展与细分，涉及纺织品、技术性贸易壁垒、投资和知识产权。与此同时，在澳大利亚和新西兰的支持下，美国大力推动跨领域议题谈判，包括供应链管理、竞争力、政策透明度、规则连贯性、劳工标准、环境标准、发展问题、中小企业。美国希望通过解决所谓"边界后面的"规则障碍将TPP塑造为21世纪自由贸易协定（FTA）的新典范。

2011年，TPP各谈判方又在圣地亚哥、新加坡、胡志明市、芝加哥、利马和吉隆坡先后进行了六轮谈判。2011年4月的新加坡谈判开始涉及起草法律文本和交换市场准入。谈判各方开始提交有关工业品、卫生与检疫标准、环境标准、技术性贸易壁垒、规则连贯性的文本草案。与中国—东盟FTA、中国—新西兰FTA等中国已加入的FTA相比，TPP机制涉及众多新领域，已形成一套全面而又复杂的谈判体系。随着加拿大和日本分别于2012年10月和2013年4月宣布加入TPP谈判，TPP机制已囊括亚太地区的全部五个传统发达国家。

然而，随着加入TPP谈判的国家增多，涉及的各方利益关系也越趋复杂。2012年10月以后，墨西哥、加拿大和日本先后加入TPP谈判，虽然增强了TPP机制的规模效应，却也给谈判的顺利完成增加了更多的不确定因素。尤其是日本的加入，对于TPP机制的谈判时间表、TPP机制的格局和TPP机制的规则形成都具有重大影响。

就TPP机制的谈判时间表而言，因受国内经济结构制约，日本在贸易自由化尤其是消除农产品贸易壁垒问题上难以对美国等TPP其他谈判方做出根本性妥协，这将使TPP各谈判方之间的利益摩擦进一步加剧，TPP谈判的时间表因此继续推迟。就TPP机制的实力格局而言，作为世界第三大经济体和TPP机制内仅次于美国的第二大经济体，日本在经济规模上大于美国之外的其他谈判方之和。① 日本加入 TPP 谈判后，其巨大的经济能量对既有谈判格局和议程设置造成了较大冲击。TPP 谈判实质上是所有谈判方在多个领域就各类议题达成标准很高的统一协议，这对实力最强的谈判方美国有很大难度。日本加入谈判，固然增强了 TPP 机制在亚太区域合作中的影响力，却也增大了 TPP 谈判达成统一多边协议的难度。就 TPP 机制的规则形成而言，TPP 机制的既有规则不断被修改，新规则不断被提出，很长时间内难以形成统一、固定的规则。以庞大经济规模为支撑的日本加入 TPP 谈判，有助于把握规则制定的先发优势，从而对 TPP 机制的形成进程享有话语权。换言之，日本作为 TPP 谈判方中的第二大经济体，加入谈判后并未简单接受既有规则，而是提出了最符合自身利益的各项主张。随着日本加入谈判，TPP 各谈判方之间的摩擦进一步增多，进而加大了达成最终协议的难度并延后谈判推进的时间表，谈判各方力量格局和谈判进程中的规则制定也发生了很大变化。②

相比既有的"10+3"与"10+6"机制，TPP 机制涉及领域广泛，谈判体系复杂。TPP 的 P-4 阶段，强调以"分期付款"式的渐进式谈判吸引更多的成员，美国、澳大利亚、秘鲁、越南、马来西亚 5 国在此背景下加入 TPP 谈判。然而，美国在宣布正式加入 TPP 谈判的同时，即声称要"引入堪称 21 世纪自由贸易协定的高标准"。③ 美国一方面扩大了 TPP 机制涉及的谈判领域，提升了自由化标准，谈判战线进一步

---

① 内阁官房. TPP 协定交涉的现状（说明资料）. ［EB/OL］. （2013-04-03）［2020-08-03］. https：//www. mofa. go. jp/mofaj/gaiko/tpp/index. html.

② 熊李力，龙丝露. 日本加入 TPP 谈判的动机及其影响 ［J］. 现代国际关系，2013（09）：44-51+64.

③ Ian F. Fergusson and Bruce Vaughn. The Trans-Pacific Agreement ［J］. Congressional Research Service，2011 （12）.

拉长，另一方面又急于在奥巴马总统任期内尽快完成全部谈判并促成协议最终获得各国签署，留给各谈判成员的时间非常有限，最终导致 TPP 协议签署生效"欲速则不达"。在日本加入谈判后，日美贸易争端的复杂因素进一步迟滞了谈判进程。TPP 机制不但未能实现美国最初高调宣布的 2011 年 11 月 APEC 峰会前完成全部谈判的目标，而且到 2015 年 10 月最终宣布完成谈判时也未能彻底解决主要成员尤其是美日两国之间的分歧。具体而言，TPP "高标准、宽领域"的谈判规则体系面临以下几方面争议：

其一，TPP 机制的基本模式始终存在争议。如何处理统一的 TPP 市场准入机制与各成员国相互间既有市场准入机制的关系，是 TPP 机制面临的重大难题。美国极力主张在统一的 TPP 市场准入机制之下，保留各成员国相互间既有的市场准入机制。一方面，美国不希望让自身与部分 TPP 机制成员之间既有的市场准入待遇惠及所有 TPP 机制成员。另一方面，美国与部分 TPP 成员国之间既有的服务业和知识产权条款自由化标准高于 TPP 谈判的预设目标，在这些领域，美国也不希望统一的 TPP 机制取代美国与部分 TPP 成员国之间既有的双边机制。然而，澳大利亚、新西兰、文莱等国与美国的主张相反，希望以统一的 TPP 机制理清各成员国之间"意大利面条碗"式错综复杂的既有双边机制。由于各国政策分歧过大，即使在 TPP 协议于 2016 年 2 月由各国签署之后，这一问题也未能获得令各方均感满意的解决方式。

其二，农业是困扰 TPP 机制的重要问题。美国国内以糖业和乳制品业为代表的农业利益集团要求奥巴马政府维持美国既有的双边 FTA 市场准入机制，认为 TPP 机制对于美国农产品的出口推动作用甚微。以美国与新西兰的农产品贸易为例，2010 年 3 月，30 位美国参议员声称，倘若给予新西兰乳制品更多的市场准入优惠，将在 10 年内给美国乳制品业造成 200 亿美元的损失。而新西兰方面则声称，新西兰的乳制品出口规模不足以对庞大的美国市场构成实质性冲击。直至奥巴马第二任期临近结束，美国国内各界围绕 TPP 对农产品贸易众多领域的影响仍争论不断，尤以糖类和乳制品为甚。

其三，美国在原产地规则问题上的立场与 TPP 其他成员相去甚远。自北美自由贸易协定（NAFTA）谈判时期，美国就主张实施严格的具体到国家和产品的原产地规则，特别是对于纺织品，美国提出了更为苛刻的"纱线向前"（yarn forward）规则，即对棉花、化纤等纺织原料的原产地也有严格规定。美国的主张遭到了除秘鲁外的所有其他 TPP 谈判方的强烈反对。这些国家倾向于更为宽松的原产地规则，主张以"地区规则"取代"国别规则"。尽管如此，美国仍在继续努力推动对纺织品与服装实施严格的原产地规则。

此外，在知识产权、投资、劳工与环境标准等问题上，TPP 成员所持立场也有较大分歧。美国不仅与 TPP 成员中的发展中国家难以达成一致，与日本、澳大利亚、新西兰等发达国家也有较多冲突。和前文所述的争议一样，即使 TPP 协议获得签署，这些分歧也没有获得彻底解决。

就在美日等国极力推动 TPP 谈判的同时，中国也在启动应对 TPP 机制的战略设计。就当时的形势而言，TPP 机制既可能为中国深化改革注入一股新的推进剂，也可能冲击既有的亚太区域合作机制，延缓地区共同体意识的形成。作为一个世界大国，中国越来越需要以全球视角审视国际问题，但"立足周边"仍应是指导中国外交的首要原则，能否巩固周边外交的成果应是决定中国在多大程度上参与全球事务的重要考量。因此，中国继续通过多种渠道沿着"10+3"和"10+6"的基轴推进亚太区域合作。①

在经济上，中国在参与相对更具排他性的区域自由贸易机制和相对更具开放性的全球自由贸易机制之间保持平衡。自 20 世纪末以来，世界贸易逐渐呈现两个齐头并进但又相互矛盾的发展趋势，即全球贸易自由化和区域自由贸易机制共同发展，后者经常带有各类贸易壁垒。②之所以会出现这种发展趋势，是因为各国既想享受国际贸易自由化的好处，又想利用区域自由贸易机制设置的贸易壁垒保护本国产业。和世界上大多数国家一样，中国也需要在这两个趋势之间维持平衡。中国的比较贸易优势在加入 WTO 之后得到了进一步发挥，外贸出口总体上保持稳定增长。区域自由贸易机制则在一定程度上缓解了中国某些产业的国际竞争压力并使中国产品在东南亚具有较高竞争力。

在文化上，中国努力与周边国家一起培育共同体文化。安全与经济合作具有很强的权益特性，易受短期的政局变化影响，文化共同体的形成有助于增进共同体成员之间的互信，从而降低合作成本。中国与很多周边国家具有相似的文化传统和历史发展经验，在社会心理上都经历了从传统到现代转型的阵痛，也都希望通过市场化的改革融入世界经济。中国应在这些共同经验的基础上加强与周边国家的文化交流，扩大民间交往规模，促进共同体意识形成。③

从 2009 年奥巴马第一个总统任期开始，到 2016 年奥巴马第二个总

---

① 杨洁篪. 新形势下中国外交理论和实践创新 [J]. 求是，2013（16）：7-10；王毅. 探索中国特色大国外交之路 [J]. 人民论坛，2013（22）：8-11.

② 罗伯特·吉尔平. 国际关系政治经济学 [M]. 上海：上海人民出版社，2006：363-376.

③ Zhang Xiaoming. The Rise of China and Community Building in China [J]. Asia Perspective, 2006, 30 (3): 129-148.

统任期临近结束，TPP 协议完成了由谈判到签署的过程。在这八年间，即使由"10+3"和"10+6"机制派生出 RCEP，进展也一直相对缓慢。对当时的中国而言，是否需要及早申请加入 TPP，成为从学术界到政策界共同需要面对的问题。就当时的客观条件而言，中国申请加入 TPP，既有潜在收益又有巨大代价。一方面，中国如果主动申请加入 TPP，可以及早赢得主动，减少被边缘化于亚太区域合作主流制度框架之外的风险；另一方面，中国如果在"10+3"和"10+6"等既有机制尤其是 RCEP 谈判取得新的重大实质性突破之前申请加入 TPP 机制，且不论申请过程能否顺利，至少意味着从"10+3"到"10+6"再到 RCEP 的亚太区域合作制度化基轴失去实质性意义。换言之，倘若中国在此时申请加入 TPP，从"10+3"到"10+6"再到 RCEP，这样一条制度化基轴在亚太区域合作中的基本制度平台角色将被 TPP 机制彻底取代。

美国奥巴马政府大力推动"高标准、宽领域"的 TPP 机制，无论其主观政策意图是出于"亚太再平衡"的外交战略考量，还是出于经济利益动机加强与亚太各经济体的经济联系，客观上都提高了后来者的准入门槛。而 TPP 机制无论是目标成员国范围，还是涉及领域，抑或自由化标准，都远超中国在亚太地区既有的或正在谈判的自由贸易协定，一旦完成从谈判到签署再到各国批准生效的过程，其很可能拥有远大于后者的辐射力。

但 TPP 机制的优势同样也是其劣势所在。鉴于 TPP 协议的"高标准、宽领域"，一旦完成谈判到签署再到各国批准生效的过程，政治经济效益固然可观，但完成这一过程的难度也非同一般。TPP 协议于 2016 年 2 月正式签署之后的事实表明，这样的"高标准、宽领域"固然提高了中国的准入门槛，但也大大增加了美国与包括"重量级盟友"

日本在内的其他众多 TPP 成员利益协调的难度。随着特朗普在 2016 年美国总统选举中抛出"美国优先"的竞选口号，TPP 在美国国内遭遇强大阻力，奥巴马政府最终未能将 TPP 协议提交美国国会表决批准。2017 年 1 月 24 日，特朗普入主白宫仅仅 4 天，即签署美国退出 TPP 的行政令，兑现了其在竞选期间的承诺。特朗普在签署这项行政令时表示，退出 TPP 符合美国工人的利益。回顾奥巴马政府高调推动 TPP 机制的 8 年历程，将其描述为"虎头蛇尾"并不为过。亚太区域合作制度化进程由 TPP 主导的可能性波折起伏，最终回归从"10＋3"到"10+6"再到 RCEP 的基轴。

美国退出 TPP 后，日本与越南等其他 TPP 成员在对 TPP 原有协议修订调整的基础上，于 2017 年 11 月将 TPP 更新为"全面与进步（Comprehensive and Progressive）的 TPP"，即 CPTPP。CPTPP 于 2018 年 3 月签署，于 2018 年 12 月正式生效。就关税水平而言，CPTPP 设定了 99％货物贸易零关税、零补贴和零壁垒的"三零"标准。就服务贸易和投资准入而言，CPTPP 完全采取"负面清单"模式。此外，CPTPP 涉及的议题领域更加广泛，设置了在劳工权利和环境保护方面的相关规范。相比之下，RCEP 设定的货物贸易"零关税"覆盖率为 90％以上，服务贸易和投资准入采用"正面引导+负面清单"的逐步开放模式，涉及的议题领域仍以传统的自由贸易为主，在劳工权利和环境保护等方面较少涉及新规则的制定。

不过，尽管 CPTPP 正式生效时 RCEP 尚未完成全部谈判，而且 CPTPP 在贸易自由化的深度与广度上高于 RCEP，但 CPTPP 相比 RCEP 也存在明显的"短板"。在美国退出之后，CPTPP 不仅经济规模远小于 RCEP，而且成员中最大的经济体是日本，重量级经济体成员数量相比

RCEP 明显偏少。CPTPP 不仅成员数量少于 RCEP，而且地理范围更为分散。RCEP 的 15 个成员均为地处太平洋西岸的亚太国家，地理范围更为接近，彼此间的经济联系也更为密切。尽管 RCEP 在"高标准、宽领域"的自由化力度上不如 CPTPP，但更加务实可行的谈判议程反而强化了 RCEP 的生命力。相比 CPTPP，RCEP 与"10+3""10+6"一脉相承，制度根基更为深厚稳固。

随着 RCEP 于 2020 年 11 月 15 日签署，并于 2022 年 1 月 1 日正式生效，RCEP 已成为毋庸置疑的亚太区域合作主导性制度平台。首批生效的国家包括中国、日本、澳大利亚、新西兰、老挝、柬埔寨、文莱、泰国、新加坡、越南 10 个国家。随后，RCEP 于 2022 年 2 月 1 日起对韩国生效，于 2022 年 3 月 18 日起对马来西亚生效。时过境迁，对比几年前的 TPP 与 RCEP，在亚太区域合作的大格局中，与其将 CPTPP 与 RCEP 视作竞争关系，不如说二者互为必要的补充。2020 年 11 月 20 日，就在 RCEP 签署 5 天后，中国国家主席习近平在 APEC 峰会上首次宣布中方将积极考虑加入 CPTPP。2021 年 9 月 16 日，中国正式提交申请加入 CPTPP。中国是 RCEP 的最大成员，人口规模和经济总量超过其他 14 个成员总和，且不论加入 CPTPP 的申请未来进展如何，仅仅中国积极申请加入 CPTPP 的这一举措，就足以对 RCEP 与 CPTPP 两者关系做出生动诠释。

早在美国于 2009 年加入 TPP 谈判后不久，国际货币基金组织即已得出如下统计数据：2010 年 TPP 各谈判方占世界贸易总量的比例为 16.43%，加上日本、韩国和东盟其他国家之后，占世界贸易总量的比例达到 30.97%，但倘若再加上中国，占世界贸易总量的比例则达到 43.29%。① 换言之，中国一国的对外贸易量与日、韩以及 TPP 机制外东盟各国的总和几乎相当。当年的 TPP 各谈判方一致表示，TPP 机制最终的扩展目标是 APEC 机制全体成员国。② 时至今日，CPTPP 的未来发展显然有赖于与 RCEP 的对接融合。作为 RCEP 成员中最大的经济体，中国显然应该且必定在 CPTPP 与 RCEP 的对接融合中发挥关键作用。

尽管中国目前在劳工权益、环境保护等方面尚未完全达到 CPTPP 部分条款的标准，但 CPTPP 条款的要求与中国深化改革和扩大开放的方向基本一致，中方正在积极推进。而在国有企业、政府采购和服务贸易等方面，CPTPP 少数条款的要求与中国现行的政策和行业标准差距较大，在技术环节构成未来中国加入 CPTPP 谈判的障碍。地缘政治因素可能会成为中国加入 CPTPP 的最大障碍。根据 CPTPP 相关条款的规定，新成员的加入需要现有 11 个成员的一致同意。然而，日本和澳大利亚作为美国亚太盟友对中国加入 CPTPP 的态度一直比较消极，给这一议题的前景带来了较大的不确定性。

亚太区域合作对中国在经济领域的发展固然是重大利好，但在政治领域则既有积极影响也有制约。经济领域的重大利好一目了然，中国能充分利用地理上的亲缘性与区域内邻国建立紧密的经济合作关系。政治领域则相对复杂，少数周边国家对中国抱有戒心，甚至与中国存在领土

① IMF. E-Library Data. Direction of Trade Statistics (DOTS) [R/OL]. (2011-03-21) [2020-08-04]. https://data.imf.org/? sk = 9D6028D4 - F14A - 464C - A2F2 - 59B2CD424B85.

② Mireya Solis. Last Train for Asia-Pacific Integration: U. S. Objectives in the TPP Negotiations [M]. Mimeo, American University, 2011 (07).

争端，亚太区域合作的发展尽管有助于化解地缘政治冲突，但往往也受制于后者。其实，无论是 CPTPP 还是 RCEP 抑或 APEC 等其他亚太区域合作机制居于主导地位，这两点都很难从根本改变。一方面，中国即使没有加入 CPTPP 这样的区域合作机制，也可对亚太邻国保持强大的经济影响力。中国拥有仅次于美国、位居世界第二的超大经济规模，如果中国缺席，"亚太自由贸易区"不仅名不副实，而且难以形成完整的内部价值链闭环；另一方面，即使中国参与了包括 CPTPP 在内的所有区域合作机制，固然有助于优化区域内的地缘政治环境，但也无法彻底消除一些国家对中国的战略防范，难以完全超越地缘政治的制约。特别值得注意的是，尽管在 2017 年特朗普就任总统后美国退出了 TPP，拜登政府迄今为止也未表态考虑重新加入 CPTPP，但奥巴马时代的"亚太再平衡"战略已演进为今日的所谓"印太"战略，亚太地缘安全环境趋于复杂。鉴于美国对亚太地区一些国家的外交政策具有强大的影响力，亚太区域合作的未来发展难免不受复杂地缘政治环境的制约。有鉴于此，在传统区域合作模式之外推进泛区域合作的必要性凸显，2013年以来的"一带一路"国际合作正是这种泛区域合作模式的突出代表。

第三节 从区域合作到泛区域合作：
超越地缘政治困局的外交社会化路径

所谓泛区域合作，意味着参与国的地理范围超出了传统意义上的区域概念。相对于传统的亚太区域合作，"一带一路"国际合作突破了原有的亚太区域地理范围限制，而且不拘泥于一般意义上的国际制度形式，侧重于国际合作的理念沟通和运作。美国奥巴马政府于 2009 年推出"亚太再平衡"战略，在外交战略和经济合作的双重动机驱使下，强势推动 TPP 谈判，对亚太地区既有的"10+3"和"10+6"等区域合作机制构成了一定冲击。在此背景下，在亚太区域合作既有的制度框架内继续推进"10+3"和"10+6"机制固然重要，但倘若过于凸显"10+3""10+6"机制与 TPP 的竞争性，反而会使亚太区域合作过度受制于大国间的地缘政治博弈。恰在此时，随着"一带一路"倡议的提出，一种与既有亚太区域合作模式不同的泛区域合作模式为世界与中国创造了新的历史机遇。

2013 年 9 月 7 日，中国国家主席习近平在访问哈萨克斯坦期间首次提出建设"丝绸之路经济带"的倡议。同年 10 月 3 日，习近平在印度尼西亚访问期间首次提出建设"21 世纪海上丝绸之路"倡议。就严格的地理范围而言，"丝绸之路经济带"从亚洲延伸到欧洲和非洲，"21 世纪海上丝绸之路"从中国南海到印度洋再到红海、地中海、大西洋，参与亚太区域合作的众多国家显然是"一带一路"国际合作的重要组成部分。不过，"一带一路"国际合作并不严格限定于上述地理范围内，只要认同"共商、共建、共享"的合作原则，世界各国均可参与以"五通"为基本内容的"一带一路"国际合作。

相比亚太区域合作，"一带一路"国际合作不仅突破了传统的地域范围限制，而且凸显两大特色。一方面，作为泛区域合作，"一带一路"国际合作的平台载体不拘泥于正式的国际条约或国际制度，更为强调政策对接、理念认同与行动协调，凸显合作形式的灵活性；另一方面，"一带一路"国际合作以基础设施建设与联通为实质性合作的第一步，作为一种"造血式"合作模式，对于基础设施相对落后的发展中国家经济起飞具有尤为重要的支撑作用。

回顾中国对外经济合作的历史进程，继改革开放初期开始将西方发达国家作为主要贸易伙伴和外资来源，20 世纪 90 年代开始参与区域经济合作之后，"一带一路"国际合作翻开了中国对外经济合作的新篇章。"一带一路"国际合作的核心地域范围拓展至整个亚欧非大陆，沿线以发展中国家居多，表明中国对外贸易投资主要伙伴开始由改革开放以来的美欧日发达国家拓展至"一带一路"沿线广大发展中国家，发展中国家在中国对外经济合作格局中的地位显著提升。与此同时，作为"一带一路"国际合作的发起国，对外投资已成为中国对外经济合作的重要组成部分。2014 年，在连续 23 年利用外资规模保持发展中国家首位的同时，中国非金融类对外直接投资首次突破千亿美元大关，达到 1029 亿美元，加上中国企业在国（境）外利润再投资和通过第三地投资，中国实际对外投资规模首次超过吸收利用外资规模，成为资本净输出国。① 随着"一带一路"国际合作的推进，中国已逐渐由改革开放以来的利用外资为主转为利用外资与对外投资并举。

具体而言，"一带一路"国际合作基本内容的"五通"包括政策沟通、设施联通、贸易畅通、资金融通与民心相通。政策沟通是"一带一路"国际合作得以启动的先决条件，基于各国政府政策的顶层设计，通过各国政府间的双边与多边对话沟通，为泛区域经济合作确定政策基础与保障。在政策沟通之后，设施联通是启动实质性合作的第一步，即针对"一带一路"沿线国家的经济社会发展需求，基于中国作为欧亚大陆国家的地理条件，通过铁路、公路、港口等基础设施的建设与联

---

① 中国新闻网. 商务部. 中国首次成为资本净输出国［EB/OL］. （2015-01-20）［2020-08-04］. http：//www. chinanews. com. cn/cj/2015/01-20/6983885. shtml.

通，为泛区域经济合作奠定物质基础与保障。在设施联通的坚实保障之下，泛区域经济合作将有力推进中国与"一带一路"沿线国家的贸易投资关系，实现各国间的贸易畅通和资金融通。最后，随着各国间的经济联系趋于密切，"一带一路"沿线国家命运共同体的物质基础不断夯实，从各国政府到民众之间彼此得以增进交流互信，正所谓民心相通。

纵观"一带一路"国际合作的"五通"，不是简单的内容罗列，而是由浅入深的递进。"五通"层层递进，生动诠释了国际合作从经济互利到政治互信的"溢出"效应，不仅各国得以实现共同发展与繁荣，而且"一带一路"沿线地缘政治环境也将随之得以优化。"一带一路"倡议提出的 2013 年正值美国强势推进"亚太再平衡"战略与 TPP 谈判。在地缘政治因素的干扰下，亚太区域合作的发展前景一度趋于复杂化。在此背景下，自 2013 年以来，在"亲、诚、惠、容"理念的指导下，中国开始推进"一带一路"国际合作，成为超越地缘政治困局行之有效的外交社会化路径。

外交社会化是指一个国家的外交战略推进路径重在与国际社会其他成员塑造国际社会共有利益认同或价值认同，通过这一路径实现外交政策目标。"社会化的底线是社会，社会的底线是集体身份。国际社会中的集体身份不是消灭个体身份，而是个体主体性存在前提下的多元集体认同。"①外交社会化概念中的社会其实就是国际社会，区域或全球的多边合作机制是这一社会化过程的重要载体。对于身处复杂地缘政治环境的国家而言，相比单方面的经济或军事实力增长，外交社会化往往是一条更为可行的脱困通道。毕竟，在经济上各国相互依赖和军事上大国相

---

① 秦亚青. 国际关系理论的核心问题与中国学派的生成 [J]. 中国社会学, 2005 (03)：165-176, 209.

互威慑的当今世界，任何国家倘若仅仅依靠本国单方面的经济或军事实力增长来化解地缘政治困局，往往面临相当大的风险。这种风险一方面缘于一国实力相比于国际社会其他国家合力的有限性。"大多数情况下，动用军事力量代价高昂，而且其成效难以预料。"①另一方面，即使对于实力雄厚的大国，国际舆论的谴责以及国内公众的反对也大幅提高了动用军事手段的门槛。②

时至今日，随着 RCEP 的最终生效以及中国申请加入 CPTPP，亚太区域合作的发展前景趋于明朗。然而，从特朗普政府到拜登政府，美国仍在持续推进与"亚太再平衡"一脉相承的"印太"战略。有鉴于此，"一带一路"国际合作的意义绝不仅限于实现各国在经济层面的共同发展与繁荣。在欧亚大陆复杂的地缘政治环境中，对于中国这样地处欧亚大陆复杂地缘环境的非西方大国，"一带一路"国际合作在可预见的未来仍将是行之有效的外交社会化路径。

对于地处欧亚大陆的另一个非西方大国俄罗斯而言，在北约欧盟不断东扩、俄乌两国兵戎相见、西方对俄制裁力度空前的严峻形势下，寻找一条有效超越地缘政治困局的外交社会化路径，这种需求显得更为迫切。俄罗斯"发祥于欧亚大平原，并且以后实际上接着囊括了一望无际的平川大地"③，基于这种地理环境的地缘政治困局从沙皇时代延续至今。尤其是作为俄罗斯领土重心的欧洲部分，不仅缺少天然地理屏障，而且直接与欧洲各国为邻，始终面临来自西方的军事威胁。"俄罗

---

① 罗伯特·基欧汉，约瑟夫·奈. 权力与相互依赖 [M]. 北京：北京大学出版社，2002：29.

② John T. Rourke. International Politics on the World Stage（Part V "Pursuing Peace"）[M]. London：McGraw-Hill, 2001：386-387.

③ 亨利·R·赫坦巴哈. 俄罗斯帝国主义的起源 [M]. 吉林师范大学历史系翻译组，译. 北京：生活·读书·新知三联书店，1978：3.

斯国土曾被敌人包围。"①克里米亚战争更充分暴露了俄国在欧洲的地缘政治困局。冷战结束后，随着东欧剧变、苏联解体，俄罗斯自彼得大帝以来在欧洲的扩张成果几乎丧失殆尽。俄罗斯不仅军事安全边界大幅向东后退，而且面对不断东扩的欧盟和北约，地缘政治困局更为凸显。乌克兰困局近年来持续发酵，最终在 2022 年 2 月下旬滑向大规模军事冲突的深渊，更是这种地缘政治困局的现实写照。对今日俄罗斯而言，仅凭单方面的军事和经济实力支撑，很难超越自然地理环境的制约，唯有成功的外交社会化，才可能从根本上摆脱这种地缘政治困局。然而，对长期受制于地缘政治困局的俄罗斯而言，何为有效的外交社会化路径？这是当前摆在俄罗斯政府和人民面前亟待解决的重大问题。

在当今欧洲，最为可行的外交社会化平台当属基于共有利益与价值认同的区域合作机制。即使在英国"脱欧"之后，欧盟仍不失为欧洲最具影响力的区域合作机制。众所周知，"二战"后的德国借助欧共体和欧盟的区域合作机制成功化解了千百年来的地缘政治困局。既然如此，为何俄罗斯不能如德国一样借助欧盟的区域合作机制推动外交社会化，从而化解自身在欧洲面临的地缘安全困局？回顾历史，俄罗斯并非不曾有过类似的设想与尝试。

早在冷战结束前，当时的苏联领导人戈尔巴乔夫即已有过这样的表态："我们明白了这样一个道理：在当代相互依存的世界中，一个闭关锁国、思想封闭，与全球的发展隔绝的社会，是不可能进步的，今天，任何一个社会，只有在和其他社会互动而又保持本色时，才能够得到充

---

① 尼·别尔嘉耶夫. 俄罗斯思想 [M]. 北京：生活·读书·新知三联书店，1996：213.

分发展。"①苏联解体后，俄罗斯一度继承了"新思维"主导的外交政策，而且将其推向新的高度。②戈尔巴乔夫时代的苏联只是希望与西方"和平共处"，叶利钦时代的俄罗斯则是期待"融入西方"并在此基础上形成"伙伴关系"。③ 甚至以强硬著称的普京也曾明言："我希望俄罗斯成为欧洲的一部分，这才是它未来的归属。"④2011年初，"德国之声"在俄罗斯进行了一项民意调查，54%的居民认为俄罗斯未来应该加入欧盟，只有18%的人坚决反对。⑤

然而，事实证明，对俄罗斯与美欧关系"大西洋主义"式的设想只是俄罗斯一厢情愿的空想。⑥尼古拉·别尔嘉耶夫（Nikolai Berdiaev）早在20世纪初即已指出："欧洲感兴趣的是，怎样强行让俄罗斯留在封闭的圈子中，不让它进入世界的广阔天地里，阻止俄罗斯发挥世界性的作用"。⑦针对叶利钦时代"融入西方"导向的俄罗斯外交，有学者指出："在俄罗斯与西方的交往中存在着主观愿望与客观实际之间的反差，不管与西方有多大的区别，俄罗斯总是把自己当作西方的一部分，是西方文明的一部分。但是西方对俄罗斯的认同却难以形成。"⑧英国学

---

① 米·谢·戈尔巴乔夫. 戈尔巴乔夫回忆录［M］. 北京：社会科学文献出版社，2003：721.

② Dimitri Simes. After the Collapse：Russia seeks Its Place as a Great Power［M］. Simon and Schuster, New York, 1999：19.

③ 格·萨塔罗夫. 叶利钦时代［M］. 北京：东方出版社，2002：577-580.

④ 安格斯·罗克斯伯勒. 强权与铁腕——普京传［M］. 北京：中信出版社，2014：26.

⑤ Zbigniew Brzezinski. Strategic Vision, America and the Crisis of Global Power［M］. New York：Basic books, 2012：187.

⑥ Paul Kubicek. Russian Foreign Policy and the West［J］. Political Science Quarterly, 1999, 114（14）：554-556.

⑦ 尼·别尔嘉耶夫. 俄罗斯的命运［M］. 云南：云南人民出版社，1999：110.

⑧ Lilia Shevtsova, Putin's Russia［M］. Carnegie Endowment for International Peace, 2003：266.

者波波·罗（Bobo Lo）甚至认为俄罗斯与"一体化"概念不相容。①

一方面，无论领土面积还是人口规模，俄罗斯都远大于包括德国在内的任何欧盟成员国。"苏联解体后的俄罗斯是亚欧帝国，而不是欧洲国家。"② 从 16 世纪开始，经过几个世纪的扩张，俄罗斯最终成为一个横跨欧亚的巨型国家。不论经历何等兴衰，这种巨大的国家规模都一直得以延续，苏联解体后的俄罗斯仍拥有 1700 多万平方千米领土和近 1.5 亿人口，"横跨 11 个时区，是当今世界拥有最大陆地板块的国家"③。

另一方面，"欧盟，即使考虑到德国的特殊影响，也不是由一个在国民生产总值、人口和领土方面都超过其他所有国家总和的国家主导的"。④倘若俄罗斯加入欧盟，鉴于其超大国家规模，除非全盘接受欧盟高度一体化的制度约束，否则必对欧盟已有的制度设计形成巨大冲击。对此，有学者明言："俄罗斯加入欧盟是不可能的。欧盟新成员必须在法律规则、公民权利和自由、公共机构透明度上与'欧洲价值观'保持一致，而弗拉基米尔·普京领导下的莫斯科根本不承认这些价值观，也更少执行它们。"⑤ 在乌克兰问题上的冲突更使得欧洲人清醒地认识到，"普京已不再是西方乐于打交道的人"⑥。显而易见，在可预见的将

---

① Bobo Lo. Vladimir Putin and the Evolution of Russian Foreign Policy [M]. Oxford, UK：Blackwell Publishing, 2003：20.

② 托尼·朱特. 战后欧洲史（卷 4）——旧欧洲 新欧洲 1989—2005 [M]. 北京：中信出版社, 2014：184.

③ 亨利·基辛格. 美国的全球战略 [M]. 海南：海南出版社, 2012：58.

④ Zbigniew Brzezinski. The Grand Chessboard：American Primacy and Its Geostrategic Imperatives [M]. New York：Basic books, 1997：56.

⑤ 托尼·朱特. 战后欧洲史（卷 4）——旧欧洲 新欧洲 1989—2005 [M]. 北京：中信出版社, 2014：184.

⑥ 安格斯·罗克斯伯勒. 强权与铁腕——普京传 [M]. 北京：中信出版社, 2014：146.

来，欧盟很难认同俄罗斯是"与我们一样的人"（people like us）①，不可能接纳俄罗斯。通过融入欧盟实现外交社会化对俄罗斯不具现实可能性。

在2015年6月的英国"脱欧"公投中，脱欧派最终获胜，此后英国逐渐启动"脱欧"进程。尽管欧盟的一体化进程因此难免受到一定冲击，但欧盟仍不失为欧洲最有影响力的区域合作机制。一方面，对于欧盟的一体化进程，英国一直保持着若即若离的态度。"英国被称为'尴尬的盟友'，对欧盟核心议题并不十分热衷，更偏向于借此实现自身的利益。"② 英国的退出在某种程度上更有利于提升欧盟各国在一体化进程中的凝聚度。另一方面，英国的"脱欧"更多源于其对国内市场资源的保护。③即使在离开欧盟之后，英国仍将与欧盟保持密切的联系，"仍然可以通过类似'欧盟+1'的形式继续参与到欧盟的外交及安全议题之中……地理位置上的亲缘性决定了双方继续合作的大趋势"④。可见，即使英国完成"脱欧"，俄欧关系仍将难以与英欧关系相提并论。英国"脱欧"并不足以抵消乌克兰"入欧"对俄罗斯造成的负面影响，更无法有效缓解俄罗斯在欧洲的地缘政治困局。

既然俄罗斯难以通过欧盟的区域合作机制推进外交社会化，由其主导建立的欧亚联盟能否担此重任呢？答案是否定的。基于历史和现实两

---

① Bobo Lo. Vladimir Putin and the Evolution of Russian Foreign Policy [M]. Oxford, UK: Blackwell Publishing, 2003: 111.

② Menon An.. Brexit: initial reflections [J]. London: International affairs, 2016 (11): 1298.

③ Pettifor Ann. Brexit and its Consequences [J]. Globalization, 2017 (10): 1-6.

④ Whitman. R. G. The UK and EU Foreign, Security and Defence Policy after Brexit: Integrated, Associated or Detached? [J]. National Institute economic review, 2016 (11): 48.

方面原因，乌克兰等东欧国家对俄罗斯缺乏足够的信任，将其视作"政治上不稳定的，却仍然盛气凌人、野心勃勃的国家，这是其参与世界经济、获得急需的外资的障碍"。①在历史记忆的影响下，东欧国家"珍惜刚刚从俄国统治下争取到的解放"，② 对俄罗斯"怀有一种不可名状的恐惧"③。历史上的成就使得俄罗斯在世人眼中形成了一种奇特的形象："俄罗斯的价值观只属于俄罗斯民族，甚至不包括俄罗斯帝国内的其他民族。"④正如普京所言："我们必须了解自己的历史……永远怀念那些缔造了俄罗斯，赋予它尊严并使它成为一个伟大国家的先辈。"⑤在这种背景下，与俄罗斯在历史上素有宿怨的东欧国家很难将欧亚联盟视为共同的利益载体或价值载体。

在现实的国际政治中，"如今普京政府治下的俄罗斯联邦，正如其过去 1000 多年的历史中一样，被人们认为是一个高度集权的国家。"⑥基辛格更是认为："俄罗斯比欧洲任何一个国家都更专制。"⑦在普京总统第一任期内建立的"垂直权力机构"进一步深化了这种负面印象。"所有政治权力收归中央政府，实际上是收归到他个人手里……普京把他信任的前安全部门或家乡圣彼得堡的同事安插在要害部门，从而大权独揽……建立了一个以普京为核心的、纵横交错的蜘蛛网般的庞大政治

---

① Zbigniew Brzezinsk. The Grand Chessboard：American Primacy and Its Geostrategic Impera-tives［M］. New York：Basic books, 1997：56.

② Zbigniew Brzezinsk. The Grand Chessboard：American Primacy and Its Geostrategic Imper-atives［M］. New York：Basic books, 1997：51.

③ 亨利·基辛格. 美国的全球战略［M］. 海南：海南出版社, 2012：59.

④ 亨利·基辛格. 美国的全球战略［M］. 海南：海南出版社, 2012：63.

⑤ 亨利·基辛格. 美国的全球战略［M］. 海南：海南出版社, 2012：63.

⑥ Andrew C, Kuchins. Alternative Futures for Russia to 2017［J］. CSIS Report（Center for Strategic and International Studies）, 2017（12）：4.

⑦ 亨利·基辛格. 美国的全球战略［M］. 海南：海南出版社, 2012：58.

商业结构。"①在相当程度上,普京被认为"压制媒体自由,扼杀民主,并利用一切现代通信手段发展个人崇拜"②。对东欧国家而言,这种"独裁者"领导下的"帝国"形象难免削弱其主导下的欧亚联盟的吸引力。

而在外交政策上,对东欧国家而言,普京时代的外交政策"更像沙皇时代的外交,一方面确保本国人民对一项俄国使命的支持;另一方面力图控制那些不肯就范的邻国"③。早在2008年格鲁吉亚战争之后,俄罗斯就"因为出兵并控制了一个邻国的大片土地,在国际上极不得人心"④。自乌克兰危机不断发酵以来,相当一部分东欧国家对俄罗斯更加警惕,"莫斯科试图通过后苏联时期说俄语居民来实现自己对外政治目标的做法在大多数情况下并不能取得成效"⑤。甚至有学者认为,"在后苏联时期俄罗斯领导下建立的集团或组织是非法的、不稳定的'纸老虎',加入其中的成员国几乎都是被强迫的"⑥。

相比俄罗斯,欧盟在东欧没有类似的历史包袱。"长久以来,加入欧盟一直是东欧国家渴求的目标。"⑦"欧盟是一个超国家联合体,正朝着后现代国家形态演进,而俄罗斯仍停留在传统的权力政治世界,在处

---

① 安格斯·罗克斯伯勒. 强权与铁腕——普京传 [M]. 北京:中信出版,2014:63.

② 安格斯·罗克斯伯勒. 强权与铁腕——普京传 [M]. 北京:中信出版,2014:289.

③ 亨利·基辛格. 美国的全球战略 [M]. 海南:海南出版社,2012:63.

④ 安格斯·罗克斯伯勒. 强权与铁腕——普京传 [M]. 北京:中信出版社,2014:233.

⑤ Dmitri Trenin. Russia's Spheres of Interest, not Influence [J]. The Washington Quarterly, 2009 (10).

⑥ Joshua Kucera. U. S. Blocking NATO-CSTO Cooperation [J]. Eurasianet, 2011 (2).

⑦ 托尼·朱特. 战后欧洲史(卷4)——旧欧洲 新欧洲 1989—2005 [M]. 北京:中信出版社,2014:129.

理大国关系时冷战思维犹存。"①对东欧国家而言,欧盟"不仅代表着欧洲发展的方向,而且标志着欧洲文明在全球化进程中的一个新跃进"②。对于中东欧国家,"成为'欧洲'成员国是唯一的选择。无论是出于什么样的理由——实现经济现代化,还是保障新市场,或是获得外国援助,稳定国内政局,同'西方'国家捆绑在一起,或者仅仅是为了防止退回到民族主义……加入欧盟后实现富裕和保障安全的前景,对于那些刚获解放的欧洲国家领导人是一种诱惑"③。这在一定程度上促使东欧国家在欧盟和欧亚联盟间更倾向于选择前者。"欧盟扩大后,东欧国家融入欧盟,进行了制度改革和社会基础改革,最突出的就是波兰,波兰对其邻国如乌克兰或白俄罗斯的人们来说成了一个越来越有吸引力的榜样。"④一项民意测试显示,"52%的保加利亚人(绝大多数都是30岁以下的年轻人)说,如果有机会,他们愿意从保加利亚移民出去——最好是去'欧洲'"。⑤反观俄罗斯,该国"仍然滞留在西方世界的边缘"。⑥

即使历史包袱和信任问题化解,俄罗斯也缺乏足够的实力推动欧亚联盟成为可与欧盟并驾齐驱的区域合作机制。"虽然(苏联)20世纪

---

① Tariana Romanova. Natalia Zaslavskaya. EU · Russia: Towards the Four Spaces [J]. Baltic Defence Review, 2004, 2 (12).

② 陈乐民. 20世纪的欧洲 [M]. 北京: 生活·读书·新知三联书店, 2012: 98.

③ 托尼·朱特. 战后欧洲史(卷4)——旧欧洲 新欧洲 1989—2005 [M]. 北京: 中信出版社, 2014: 124.

④ Zbigniew Brzezinski. Strategic Vision, America and the Crisis of Global Power [M]. New York: Basic books, 2012: 127.

⑤ 托尼·朱特. 战后欧洲史(卷4)——旧欧洲 新欧洲 1989—2005 [M]. 北京: 中信出版社, 2014: 171.

⑥ Zbigniew Brzezinski. Strategic Vision, America and the Crisis of Global Power [M]. New York: Basic books, 2012: 125.

30 年代曾经在世界经济普遍衰退的情况下出现了经济快速增长，但这种情况今天已经不太可能发生。因为今天的俄罗斯在世界经济中更多的处于'被动接受的地位'。"① 俄罗斯经济的一元化结构近年来越发明显。根据普京总统 2014 年 11 月 18 日的表态，能源出口占俄罗斯出口总额的 70％以上。② 随着乌克兰危机的爆发，国际油价不断出现"大跳水"。根据美国能源信息署的数据，截至 2017 年 2 月 9 日，国际油价仍徘徊在每桶 53 美元的低位，与乌克兰危机爆发前每桶 115 美元上下的价位相比，跌幅超过 50％。③ 俄罗斯经济的低迷通过汇率变化也可见一斑。根据俄罗斯央行的数据，2014 年 10 月初的卢布兑美元汇价为 39.3836：1，此后不断暴跌，截至 2017 年 2 月 11 日仍徘徊在 58.8457：1 的低位。根据英国广播公司援引的俄罗斯官方数据，仅 2015 年，俄罗斯经济即缩水 3.7％，零售业下降 10％，投资下降 8.4％。④ 有学者认为，俄罗斯经济在 2016 年初已跌至前所未有的低谷。⑤

毋庸讳言，与欧盟大国相比，作为欧亚联盟发起国，俄罗斯的经济实力相当有限。"俄罗斯几乎没有制造业出口——既没有电子产品、成

---

① Andrew C, Kuchins. Alternative Futures for Russia to 2017 [J]. CSIS Report (Center for Strategic and International Studies), 2017 (12)：13.

② The Ministry of Foreign Affairs of Russia. President of Russia. Russian Popular Front's Action Forum [EB/OL]. (2014-11-18) [2020-08-05]. https：//www. rusemb. org. uk/fnapr/4623.

③ U. S. Energy Information Administration. Today in Energy：Daily Prices [EB/OL]. (2017-02-10) [2020-08-06]. http：//www. eia. gov/todayinenergy/prices. cfm.

④ BBC News. Russian economy hit by oil price slide [EB/OL]. (2016-01-25) [2020-08-07]. http：//www. bbc. com/news/business-35398423.

⑤ Peter Spence. Oil price slump pushes Russian rouble to a new all-time low [J]. The Telegraph, 2016 (01).

衣,也没有机械制造业——来为它提供较为稳定的收入。"①尽管俄罗斯主导的欧亚联盟以独联体国家为首要目标成员,但"在某些商品的国际市场方面,俄与其他独联体国家不是以伙伴而是以竞争对手的关系出现(出口结构相似),从而加剧了它们之间的矛盾"。②对处于经济困境中的乌克兰等东欧国家而言,欧亚联盟带来的利益预期相当有限。"俄罗斯所谓的经济好处是虚构的,根本无法压制住拥有独立民族和独立政治带来的自豪感。"③

相比俄罗斯主导的欧亚联盟,欧盟显然更有能力满足东欧国家的经济利益需求。对东欧国家而言,欧盟成员"绝大多数都是先进的工业化国家,尤其重要的是这里是高新科技的中心,在世界经济中占有重要的比重……这在相当程度上代表了欧洲的实力,具有带动整个欧洲的牵引力"。④根据欧洲央行行长马里奥·德拉吉 2016 年 1 月的表态,得益于能源市场价格的下降以及欧盟自身的政策,欧盟经济开始稳步复苏,相比 2013 年,有将近 200 万人重新回到工作岗位上。⑤根据欧盟官方数据,2014 年欧盟 GDP 总值约为 14 万 6000 亿欧元,超越美国成为世界第一大经济体。同时,仅占世界人口 6.9% 的欧盟在贸易额上占世界总

① 安格斯·罗克斯伯勒. 强权与铁腕——普京传 [M]. 北京:中信出版社,2014:253.

② 李新. 普京欧亚联盟设想:背景、目标及其可能性 [J]. 现代国际关系,2011(11):4-10.

③ Zbigniew Brzezinski. Strategic Vision, America and the Crisis of Global Power [M]. New York: Basic books, 2012:141.

④ 陈乐民. 20 世纪的欧洲 [M]. 北京:生活·读书·新知三联书店,2012:93.

⑤ Mario Draghi. How domestic economic strength can prevail over global weakness [N], in Keynote speech at the Deutsche Börse Group New Year's reception 2016, Eschborn, 2016 (01).

贸易额的 20%，在进出口方面也同样排在世界前列。① "不可否认的是，欧盟依旧是全球有竞争力的经济体之一。"②由此不难发现，相较于以俄罗斯为主体的欧亚联盟抑或其他形式的合作机制，对于中东欧国家来说，向欧盟靠拢意味着获取更为现实的经济利益。欧盟与乌克兰 2014年 6 月 27 日签署联系国协定经济条款后，欧盟委员会的预测显示，乌克兰对欧盟的年出口额将增长 10 亿欧元，乌每年增收大约 12 亿欧元。③

更为严重的是，自乌克兰危机发酵以来，俄罗斯一直受到美欧的外交孤立。早在 2022 年 2 月俄罗斯开始在乌克兰的"特别军事行动"之前，由于在克里米亚问题上的强硬政策，普京在一些国家被称为"克里姆林的独裁者"。④ 在这种情况下，俄罗斯任何以自身为核心构建利益共同体的外交社会化尝试都面临巨大阻力。2014 年 6 月，原定由俄罗斯主办的八国集团（G8）峰会被取消。"欧盟方面停止了与俄罗斯就互免签证和双边基础性条约的谈判，暂停俄罗斯的 G8 成员资格。"⑤俄罗斯实际上被踢出了八国集团，八国集团重新成为七国集团。德国时任总理默克尔表示："G8 已经不复存在。"⑥北约秘书长延斯·斯托尔滕贝

① European Union. About the EU：The economy ［EB/OL］. （2020-08-08）［2020-08-08］. http：//europa. eu/about-eu/facts-figures/economy/index_en. htm.

② 刘军，毕洪业. 俄欧关系与中国欧亚战略 ［M］. 北京：时事出版社，2015：184.

③ European Commission. The EU's Association Agreements with Georgia, The Republic of Moldova and Ukraine ［N］, 2014 （07）.

④ Zbigniew Brzezinski. After Putin's aggression in Ukraine, the West must be ready to respond ［J］. The Washington Post, 2014 （03）.

⑤ 刘军，毕洪业等. 俄欧关系与中国欧亚战略 ［M］. 北京：时事出版社，2015：252.

⑥ The Federal Government of Germany. Making Europe Strong ［EB/OL］. （2014-03-20）［2020-08-09］. https：//www. bundesregierung. de/breg-en/issues/europe/making-europe-strong-450218.

格也表示,"俄罗斯的行为已经违反了国际法。"①在奥巴马政府最后的财政报告中,针对俄罗斯不断扩大的潜在威胁,美国在 2017 年为欧洲盟国提供了总计 43 亿美元的援助。该报告称:"为了对抗俄罗斯挑衅和支持欧洲盟友,预算中有 43 亿美元旨在提供政治、经济、公共外交及军事支持,面对俄罗斯的挑衅,加强北约在欧洲、欧亚大陆和中亚的盟友和伙伴国的抵抗力,减少其脆弱性。"② 2015 年 11 月,俄罗斯与土耳其之间的战机事件也凸显了俄罗斯与美欧之间的紧张关系。事件发生前,北约已明确表示,"俄罗斯入侵土耳其领空的行为不像'无心之失',俄罗斯还没有为两次侵犯土领空给出明确的解释,让人无法接受。"③"战机事件"发生后,北约进一步加强了土耳其边境的防卫,并于 11 月 24 日就此事召开特别会议,强调"支持土耳其捍卫领土主权的行动"。④相反,没有任何大国明确表示对俄罗斯的支持,其外交孤立可见一斑。而在 2022 年 2 月俄罗斯在乌克兰的"特别军事行动"开始后,这种外交孤立愈发凸显。

在可预见的未来,作为俄罗斯主导的区域合作机制,无论俄罗斯当前在乌克兰进行的"特别军事行动"结局如何,欧亚联盟对东欧国家

---

① BBC news. Nato chief Jens Stoltenberg: Russia has 'violated international law' [EB/OL]. (2014-11-14) [2020-08-10]. http://www.bbc.com/news/av/world-europe-30061243/nato-chief-jens-stoltenberg-russia-has-violated-international-law.

② The White House. Fact Sheet: The President's Fiscal Year 2017 Budget: Overview [EB/OL]. (2016-02-09) [2020-08011]. https://obamawhitehouse.archives.gov/the-press-office/2016/02/09/fact-sheet-presidents-fiscal-year-2017-budget-overview.

③ BBC news. Nato briefing ahead of defence minister talks in Brussels [EB/OL]. (2015-10-06) [2020-08-12]. http://www.bbc.com/news/world-europe-34452965.

④ NATO-news. Statement by the NATO Secretary General after the extraordinary NAC meeting [EB/OL]. (2015-11-24) [2020-08-13]. http://www.nato.int/cps/en/natohq/news_125052.htm?selectedLocale=en.

不可能产生有效的战略感召力。不仅如此,在现实问题和历史包袱的双重作用下,无论欧亚联盟的经济影响力如何,其在乌克兰等东欧国家都很可能成为控制与强权的代名词,被视作俄罗斯复辟帝国梦想的工具。如此一来,欧亚联盟更不足以成为俄罗斯现实可行的外交社会化平台。"普京对后苏联空间的整合仍面临极大的挑战与困难……人们还很难想象一个更广泛和更深入的类似于欧盟的区域性集团会很快出现在后苏联空间。"①

鉴于俄罗斯在欧洲的地缘政治困局,放眼未来的俄罗斯外交,"一带一路"国际合作很可能是一条现实可行的社会化路径。"一带一路"国际合作"旨在促进经济要素有序自由流动、资源高效配置和市场深度融合,推动沿线各国实现经济政策协调,开展更大范围、更高水平、更深层次的区域合作,共同打造开放、包容、均衡、普惠的区域经济合作架构"②。相比欧盟和欧亚联盟,"一带一路"国际合作尽管目前机制化水平仍然有限,却展现了一种更具包容性的泛区域合作理念。对此,美国媒体也不得不承认:"中国在全球经济中发挥影响符合美国的利益,我们同样希望中国能做好。"③

由于"一带一路"沿线国家特别是广大发展中国家基础设施建设比较滞后,而且存在较大的资金缺口,中国发起了建立亚洲基础设施投资银行(以下简称"亚投行")的倡议,获得了广泛响应。截至2015年4月15日,共有57个国家确定成为亚投行的创始成员国,其中不乏

---

① 刘军,毕洪业等. 俄欧关系与中国欧亚战略[M]. 北京:时事出版社,2015:180.
② 中华人民共和国国家发展改革委,外交部,商务部. 推动共建丝绸之路经济带和21世纪海上丝绸之路的愿景与行动[R/OL]. (2015-03-28)[2020-08-14]. https://www.mee.gov.cn/ywgz/gjjlhz/lsydyl/201605/P020160523240038925367.pdf.
③ Simon Denyer. China promotes 'Asia-Pacific dream' to counter U.S. 'pivot'[J]. The Washington Post, 2014 (11).

美国在亚太和欧洲的重要盟国。"在美国对 G7 盟友的不断游说之下，英国顶住了压力，成为第一个申请加入亚投行的 G7 国家。"①面对这样的局面，时任美国总统奥巴马在与日本首相安倍晋三共同举行的记者会上也不得不表示："美国从来没有，现在也不会反对任何国家加入亚投行。"②2016 年 1 月 16 日，随着亚投行正式开始运营，"一带一路"合作迈开了机制化的一大步。供职于美国外交政策协会的高级研究员约书亚·库兰斯基在华盛顿邮报上撰文称："亚投行是一种拥有成熟现代化机制以及近 1 万亿美元的启动资金（大部分由中国提供）的国际合作形式，不应受到美国的遏制……亚投行在国际上越来越受到认可，这并不会威胁到美国利益。"③截至 2021 年 10 月，随着尼日利亚申请加入亚投行获得批准，亚投行成员增至 104 个。从亚投行的实践不难看出，"一带一路"国际合作倡导的泛区域合作理念战略感召力显然远胜于欧亚联盟。

2016 年 2 月 5 日，亚投行公布了 5 位副行长人选及其分工，5 位副行长分别来自英国、韩国、印度、德国、印度尼西亚 5 个国家。作为第一大股东的中国展现出大度、包容的合作心态，承诺在亚投行成立初期不申请相关贷款。中国财政部时任副部长史耀斌在接受记者采访时表示："中方倡建亚投行的首要目的和优先重点不是支持中国的国内项

---

① Financial Times. Britain and the US at loggerheads over China [EB/OL]. (2015-03-13) [2020-08-15]. https：//www. ft. com/content/5a63e420-c979-11e4-a2d9-00144feab7de.

② The White House. Rose Garden. Remarks by President Obama and Prime Minister Abe of Japan in Joint Press Conference [EN/OL]. (2015-04-28) [2020-08-16]. https：//www. whitehouse. gov/the-press-office/2015/04/28/remarks-president-obama-and-prime-minister-abe-japan-joint-press-confere.

③ Joshua Kurlantzick. Let China win. It's good for America [J]. The Washington Post, 2016 (01).

目……作为亚投行最大的股东国和世界上最大的发展中国家，中国有资格获得亚投行的贷款项目支持，但做出这一决定主要考虑到本地区基础设施发展需求更加迫切的国家较多……亚投行成立后，中方作为重要股东国，将遵循多边程序和规则参与银行的管理，推动亚投行规范运作、高效运营，为亚洲基础设施建设和区域经济合作做出积极贡献。"① 作为全新的泛区域合作模式，"一带一路"国际合作的发展前景不可小觑。

以"一带一路"为载体的泛区域合作不仅可以自东向西强化中国和沿线众多国家的经济联系与战略协作，而且超越了原有的区域合作概念。倘若推进顺利，很可能促成亚太区域合作与欧洲区域合作的对接。俄罗斯横跨欧亚大陆却又非欧非亚，这种泛区域合作恰好为俄罗斯外交社会化提供了难得的历史机遇和现实路径。如前文所述，无论是融入欧盟还是主导推进欧亚联盟，都不足以成为俄罗斯现实可行的外交社会化路径，更无法帮助其有效摆脱当下的地缘政治困局。迫于这种地缘政治困局，俄罗斯开始在乌克兰推进"特别军事行动"。无论结局如何，从长远来看，这种"特别军事行动"都极可能进一步加剧俄罗斯在欧洲的外交孤立，对于地缘政治困局的缓解适得其反。探其根源，俄罗斯地跨欧亚而非欧非亚，拥有庞大的国家规模而经济实力欠缺，与欧洲国家之间尚存历史包袱和现实冲突，种种因素叠加于此，造成俄罗斯当今的地缘政治困局。尽管当前美欧一致对俄罗斯实施力度空前的经济制裁，"一带一路"国际合作也受到一定程度的影响，但从长远来看，相比欧

① 史耀斌. 中华人民共和国中央人民政府网. 亚投行成立初期中方将暂不申请资金支持［EB/OL］（2016-01-16）［2020-08-17］. http：//www. gov. cn/xinwen/2016-01/16/content_5033496. htm.

盟和欧亚联盟,"一带一路"国际合作仍能有效地帮助俄罗斯缓解地缘政治因素的束缚。

与欧盟不同,中国倡导的泛区域合作自启动伊始即对俄罗斯敞开大门。在这一战略构想中,俄罗斯不仅不是外部威胁,反而是亚欧两大区域合作板块之间不可或缺的重要桥梁。相当一部分俄罗斯学者也对以"一带一路"为载体的泛区域合作表现出极大的热情和兴趣,认为俄罗斯如果作为泛区域合作的积极参与者投入其实施过程中,可以"突出俄罗斯作为重要物资运输过境国的地缘经济地位,加快俄罗斯相关地区交通基础设施的升级改造和现代化进程"。①相比欧亚联盟,以"一带一路"为载体的泛区域合作以中国的经济实力作为重要支撑,可以给众多亚欧国家带来更为可观的经济利益预期。当前中国的经济发展"处在一个正确的道路上"。②"一带一路"国际合作启动3年后的2016年,中国GDP总值744127亿元,比上年度增长6.7%,其他各项数据也保持全面增长。③"中国在被世界经济影响的同时将对世界经济产生同样巨大的影响,在未来几年中,中国可能占据全球收入、贸易、商品需求总量的三分之一到一半,并且这种影响也将随着其占世界经济份额的不断上升而继续扩大。"④

不可否认,对中国在"一带一路"沿线影响力的扩大,俄罗斯其

---

① 张琳娜. 俄罗斯智库评价"一带一路"战略 [N]. 学习时报, 2015 (05).

② Olin Wethington. Understanding the Chinese Economy [J]. Council on Foreign Relations, 2015 (01).

③ 中华人民共和国中央人民政府网. 中华人民共和国国家统计局. 2016 年 4 季度和全年我国 GDP 初步核算结果 [EB/OL]. (2017-01-22) [2020-08-17]. http: //www. gov. cn/xinwen/2017-01/22/content_ 5162026. htm.

④ Lawrence Summers. The world - including China - is unprepared for the rise of China [J]. The Washington Post, 2015 (11).

实一直有所顾虑。"俄罗斯不希望成为一个仅仅为中国提供能源的附属国。"①然而，对俄罗斯而言，以" 带 路"为载体的泛区域合作是目前为数不多的相对可行且获益前景比较明朗的外交社会化路径。特朗普于 2017 年 1 月就任美国总统以后，尽管在美俄关系上一度释放出一些与前任奥巴马政府有所差别的信号，甚至在美国国内一度引发"通俄门"风波，但乌克兰危机以来美欧对俄外交的基本格局没有改变。就在特朗普胜选总统的第二天，大西洋协会便刊文称乌克兰是特朗普未来的核心安全议题。②"事实是，美俄关系仍然非常紧张。"③ 从特朗普时代到拜登时代，俄罗斯面对美欧诸国时的外交孤立局面不仅没有缓解，反而有进一步加剧的趋势。

尽管当前以"一带一路"为载体的泛区域合作尚处于初级阶段，面临着许多潜在的挑战，但一旦这种泛区域合作形成常态化的国际合作机制，俄罗斯地跨欧亚而又非欧非亚的特点将不仅不再成为其外交社会化的桎梏，而且有可能成为其可利用的独特优势。2014 年以后，中俄两国领导人多次表示将欧亚联盟与"一带一路"对接。2017 年 2 月，俄罗斯总统普京成为首位通过官方渠道确认出席首届"一带一路"国际合作高峰论坛的外国元首。2017 年 7 月，中俄两国领导人峰会再次强调将欧亚联盟与"一带一路"对接。由此看来，俄罗斯参与以"一带一路"为载体的泛区域合作即使在主观层面或许不是俄罗斯最理想的外交社会化路径，但很可能是客观层面当前俄罗斯最现实可行的外交

---

① The Economist. Russia and China：An uneasy friendship ［N］. 2015 (03).

② Melinda Haring,. Ukraine, Not Syria, Should Be Top Priority for President Trump ［J］. The Atlantic Council, 2016 (11).

③ Aaron Blake. Donald Trump just took the first step toward working with Vladimir Putin. It's still very risky ［J］. The Washington Post, 2016 (12).

社会化路径。

如何摆脱延续数百年的地缘政治困局，是俄罗斯在欧洲面对的重大外交难题。对俄罗斯而言，通过外交社会化的方式努力融入欧洲区域国际社会，成为欧洲区域国际社会的一员甚至重量级成员，或许是摆脱地缘政治困局的最理想途径。然而，俄罗斯拥有庞大的国家规模但经济实力欠缺，与欧盟国家之间尚存历史包袱和现实冲突。在可预见的将来，即使俄罗斯愿意加入欧盟，欧盟也很难接纳俄罗斯。倘若退而求其次，以欧亚联盟作为取代欧盟的外交社会化路径，即使俄罗斯与乌克兰等东欧国家之间的历史包袱和信任问题化解，俄罗斯也缺乏足够的实力推动欧亚联盟成为可与欧盟并驾齐驱的区域合作机制。2014 年以来，曾经是欧亚联盟重要成员的乌克兰呈现"脱俄入欧"之势，欧亚联盟作为俄罗斯外交社会化路径更加难当重任。而在 2022 年俄罗斯的"特别军事行动"开始之后，俄罗斯与欧盟之间重建政治互信已是难上加难，乌克兰重返欧亚联盟的可能性更是微乎其微。种种因素叠加于此，导致欧盟和欧亚联盟愈发不足以成为俄罗斯可行的外交社会化路径。相比之下，鉴于俄罗斯横跨欧亚大陆却又非欧非亚的特点，以"一带一路"为载体的泛区域合作尽管也受到了俄乌冲突局势的影响，但从长远来看，其很可能成为俄罗斯外交社会化不可多得的历史机遇和现实路径。

回首中国对外经济合作的历史进程，从"一边倒"到第三世界，从改革开放到亚太区域合作，从亚太区域合作再到"一带一路"泛区域合作，一页页历史的篇章恰恰也反映了中国在复杂地缘政治环境中努力融入国际社会、参与国际社会直到在国际社会担当积极角色的过程。时至今日，尽管复杂地缘政治环境仍是中国外交必须面对的现实，但这无法逆转中华民族走向复兴的历史大势。今日中国的发展成就固然是几十年来经济高速增长的成就，但同时也是外交社会化的成就。对比之下，今日俄罗斯面临的地缘政治困局既是源于苏联解体以年来经济增长乏力的困局，更是外交社会化受挫的困局。几十年来的历史充分证明，对于地处复杂地缘政治环境中的大国，成功的外交社会化是突破地缘政治困局的必由之路。

第二章 双边政策对接与"一带一路"

在推进过程中，政策对接对于"一带一路"而言是十分重要的。"一带一路"所涉及的政策对接，实际上是中国同在经济发展方面具有契合性的国家或国际组织所进行的自愿合作。它以政策协调作为主要手段，以中国同相关国家的发展战略契合点为依托，以实现互利共赢为目标。根据 2015 年发表的《推动共建丝绸之路经济带和 21 世纪海上丝绸之路的愿景与行动》，政策沟通是"指加强政府间合作，积极构建多层次政府间宏观政策沟通交流机制，深化利益融合，促进政治互信，达成合作新共识"。① 作为以"政策沟通、设施联通、贸易畅通、资金融通、民心相通"为核心的"五通"之首，政策沟通是实现其他"四通"的先决条件。只有实现了国与国之间的政策沟通，设施联通、贸易畅通、资金融通和民心相通才具备了实现的基础和可能性。

政策沟通是政策对接的前提。2017 年 5 月，习近平主席在第一届"一带一路"国际合作高峰论坛开幕式的主旨演讲中首次使用了"对

---

① 国家发展改革委，外交部，商务部. 推动共建丝绸之路经济带和 21 世纪海上丝绸之路的愿景与行动 [M]. 北京：人民出版社，2015：7.

接"一词，指出各方通过政策对接，实现了"一加一大于二"的效果。① 这里所说的对接，是指中国同沿线国家之间的发展战略对接，优势互补。它表明"一带一路"不是谋求颠覆已有的国际秩序，也不是将各国间现有的合作框架推倒重建，而是推动中国同相关国家之间的政策和发展战略的协调，促进双方实现共同发展。因此，"一带一路"不是中国同其他国家争夺地缘政治势力范围，也不是中国的"马歇尔计划"。这一倡议的提出源自中国以及沿线国家，特别是广大发展中国家的实际需求，本身就有包容、合作、共赢的特征。事实上，"一带一路"长期以来坚持"两容"原则：一是与当地已有的合作框架兼容，而不是另起炉灶；二是同域外力量包容，而不是排挤美日等大国的势力。② "一带一路"强调有关国家平等自愿参与，遵循"共商、共建、共享"原则，而不附带任何条件。在倡议推进过程中，中国尊重沿线国家的主权，不干涉其自主选择发展模式和发展道路的权利，不"强迫"其他国家加入，也不同现有机制和其他大国进行竞争。正是由于坚持包容互惠原则，"一带一路"得到沿线国家广泛支持，中国也同诸多国家实现了发展战略的相互协调和相互对接。

第一节 双边政策对接的背景环境

"对接"是"一带一路"的基本理念，它意味着中国同伙伴国发展

---

① "一带一路"国际合作高峰论坛重要文辑［M］.北京：人民出版社，2017：5.
② 王义桅."一带一路"：机遇与挑战［M］.北京：人民出版社，2015：107.

战略的对接，从根本上体现了与伙伴国合作的自主性和平等性原则。①
将"对接"作为基本理念，既体现了各国主权平等的国际关系基本准
则，也是新中国成立以来外交实践的经验总结。从国际关系背景上看，
尽管霸权主义和强权政治依然存在，但是求和平、谋发展、促合作是长
期以来国际社会中绝大多数成员国的共同愿望和诉求。2008 年始于美
国的全球金融危机反映出西方国家主导的全球治理模式的无效和失灵，
而自此以后，以中国为代表的新兴经济体的群体性崛起成为国际关系中
的一大亮点。同新兴经济体不断走到全球治理的舞台中央相伴，新的全
球治理理念也呼之欲出。因为事实已经证明，传统的治理理念已经难以
适应现有的国际现实，也无法解决日益严峻的各种全球性问题。

　　有学者将当前全球治理所面临的困境称为"治理赤字"，即面临对
全人类构成威胁的全球性挑战时，缺乏权威而有效的全球治理，有关的
国际规则和国际机制要么多样混乱，要么不成熟、不完善。简言之，目
前的全球治理机制没有发挥出应有的治理功能。② 也有学者认为当前全
球治理的根本问题在于全球治理失灵，即现有的治理规则不能有效实现
治理，从而导致了全球层面上的秩序失调现象。它在实践层面上表现为
规则的滞后，即现有的治理规则不能反映国家间权力分配的变化，不能
应对不断变化的国际环境，在理念层面上则表现为治理观念的滞后，即
强调以工具理性为基础的一元主义治理观和二元对立式思维模式。③ 无
论在实践还是理念层面上现有全球治理模式已经难以应对全球问题不断

---

① 金玲. "一带一路"：中国的马歇尔计划？[J]. 国际问题研究，2015（01）：88-99.
② 庞中英. 全球治理的中国角色 [M]. 北京：人民出版社，2016：38-39.
③ 秦亚青. 全球治理失灵与秩序理念的重建 [J]. 世界经济与政治，2013（04）：4-
　　18+156.

增多、国与国之间贫富差距加大的现实。

在当前国际关系中，全球治理模式的不足之处越来越明显地体现出来，而经济危机、恐怖主义、难民危机乃至右翼思潮和逆全球化的出现，都是其典型表现。无论是作为一种学术研究领域，还是作为国际关系的实践活动，全球治理的目标都应当是应对和解决各种超越国家的全球性问题和挑战。冷战结束后，全球化进一步深入发展，但这一进程在带来经济繁荣和交往便利的同时，也伴随着一些负面问题。对于全球化的负面效果，美国学者约瑟夫·奈（Joseph Nye）曾经这样举例：在历史上，天花病毒征服所有人居住的大陆差不多用了 3000 年的时间，最后才在 1775 年到达与大陆隔海相望的澳洲；艾滋病用了不到 30 年的时间，就从非洲传播到了全世界；2000 年的一个电脑病毒"爱虫"，只用了 3 天就传遍了全球。从 3000 年到 30 年到 3 天，这就是科学技术带来的对人类生活的变化。① 发表于 1995 年的《天涯成比邻——全球治理委员会报告》则指出，国际社会将围绕这样一个理想而联合起来，即"在广泛的领域内承担起集体责任。这些领域包括安全——不仅仅是军事意义上的安全，也包括经济和社会方面的安全，持续发展，促进民主、平等和人权，人道主义行动"②，并且强调"消除暴力在政治、经济、社会或其他方面的一切起因，是治理方面的重要目标"③。就这份

---

① 约瑟夫·奈. 美国霸权的困惑：为什么美国不能独断专行 [M]. 郑志国，译，北京：世界知识出版社，2002：88.

② 英瓦尔·卡尔松，什里达特·兰达尔. 天涯成比邻——全球治理委员会的报告（节选）[M]. 谢来辉，译//杨雪冬，王浩. 全球治理. 北京：中央编译出版社，2015：144.

③ 英瓦尔·卡尔松，什里达特·兰达尔. 天涯成比邻——全球治理委员会的报告（节选）[M]. 谢来辉，译//杨雪冬，王浩. 全球治理. 北京：中央编译出版社，2015：144.

报告而言，尽管它提出了"二战"结束以来人类所面临的各种新挑战，但是对人类通过全球治理的方法来应对这些挑战持乐观态度，也认为各国人民都可以以共同的价值观为基础来安排全球事务，以促进全球安全，管理全球经济，推动全球法制化。

然而，现实证明全球治理委员会的报告过于乐观了。在这篇报告发表之后的 20 年，它所列举的那些问题并没有得到有效缓解，反而愈演愈烈。乌蓬德拉·巴克西（Upendra Baxi）指出，尽管进入 20 世纪 90 年代以来，世界在表面上呈现出了一些新景象，但是世界政治的本质并没有发生根本性的变化，各种困扰各主权国家乃至全人类的问题依旧存在，甚至在某些方面呈现出愈演愈烈之势。伴随着相互依赖、共同关注和共同命运，随之而来的是由军备竞赛、持久的贫困以及普遍暴力等现象所塑造的新的支配形式。① 2008 年爆发的金融危机则进一步表明，全球金融市场的运作出现了体制性失效，经济决策核心也存在严重的缺陷。而且，伴随着金融危机，粮食、能源、气候变化等危机接踵而至，凸显了全球治理机制在面对这些挑战时存在着严重的弱点。② 发达国家是全球金融危机的始作俑者，危机暴露了发达国家长期以来在经济和财政政策方面存在的严重缺陷，揭示了这些国家经济发展模式中的弊端。但是这一危机很快扩散到世界上几乎所有国家，无论发达国家还是新兴经济体都难以避免这种危机所造成的严重破坏。作为全球化和全球治理的主要受益者，发达国家享受了全球治理的绝大部分红利，同时又将现

---

① Upendra Baxi. Global Neighborhood' and the 'Universal Otherhood'：Notes on the Report of the Commission on Global Governance ［J］. Alternatives：Global，Local，Political，1996，21（04）：531.

② 卢静. 当前全球治理的制度困境及其改革 ［J］. 外交评论（外交学院学报），2014，31（01）：107-121.

有治理体系中的不合理之处所造成的负面后果输出给其他国家，迫使其他国家为它们先前所犯下的错误承担后果。

当前国与国之间的相互依赖已经达到前所未有的紧密程度，因而任何危机都可能造成全球性的影响。正如习近平主席指出的，在当前世界上，"世界经济增长需要新动力，发展需要更加普惠平衡，贫富差距鸿沟有待弥合……和平赤字、发展赤字、治理赤字是摆在全人类面前的严峻挑战"[1] 在全球治理所面临的困境背后，最根本的原因是关于治理理念和范式的争论，因而创新治理理念是推动全球治理变革的首要任务。[2] 全球治理需要规则，但是规则也依赖于认同而存在，也就是说只有当它被绝大多数人所接受的时候才能发挥作用。[3] 另一方面，在当前西方国家主导的治理体系中，规则又具有非中性，即这些规则总体上是有利于西方国家，而不利于其他国家的。这种非中性导致的一个后果，就是在全球治理实践中，所遵循的不同机制为不同国家或国际集团带来的实际收益或损失情况是不同的。[4] 在发达国家在全球治理体系中占绝对垄断地位的时代，尽管这种非中性也一直存在，但并没有像现在这样突出。然而随着越来越多的非西方国家进入全球治理体系时，治理规则的非中性问题就更加凸显出来。同时，非西方世界的行为体也会将自身经验和实践带入现有治理体系，从而动摇以工具理性为主导的治理

---

① "一带一路"国际合作高峰论坛重要文辑［M］. 北京：人民出版社，2017：5.
② 秦亚青. 全球治理：多元世界的秩序重建［M］. 北京：世界知识出版社，2019：122.
③ James N. Rosenau. Governance, Order, and Change in World Politics［M］//James N. Rosenau and Ernst-Otto Czempiel. Governance without Government：Order and Change in World Politics. Cambridge：Cambridge University Press，1992：4.
④ 徐秀军. 制度非中性与金砖国家合作［J］. 世界经济与政治，2013（06）：86.

模式。①

在非西方国家不断进入全球治理体系时，必然带来治理理念的多元化，动摇西方治理理念的霸权地位。理念变革是促进全球治理转型的重要推动力。在维持全球秩序的各层次模式中，首要的就是观念的认同，也就是说需要有一种得到各主体认同的治理理念。这种理念决定了人们感知、看待和理解各种事物的方式，并且包含了关于世界政治运作方式的心理状态、信念体系和共享观念等内容。② 正是在这一背景下，中国提出以"共商、共建、共享"为核心的全球治理理念。"共商"是指各国共同协商，深化交流，加强各国之间的互信，共同协商解决国际政治纷争与经济矛盾。"共建"是指各国共同参与、相互合作，共享发展机遇，扩大共同利益。"共享"意味着各国都拥有平等发展机会，各国共享治理成果。③ 它反映了治理中所蕴含的关系性，也就是说治理在本质上是治理主体之间的一种关系模式，它只能存在于主体关系当中。它并不排斥规则治理，但也认为需要通过协商的过程来维持治理主体之间关系的和谐模式。规则治理可以帮助治理主体塑造共同预期，推动制度性合作，维持秩序并且使治理制度更加有效。关系治理则将治理看作动态的达成协议的过程，它的基础是国际间的协商和谈判，而不是一方对另一方施加控制，或强迫另一方接受以自我利益为中心的规则。具体而言，它具有以下四个特征：第一，它不强调对他者施加控制，而是强调

① 秦亚青. 全球治理：多元世界的秩序重建 [M]. 北京：世界知识出版社，2019：120.

② James N. Rosenau. Governance, Order, and Change in World Politics [M] //James N. Rosenau and Ernst-Otto Czempiel. Governance without Government: Order and Change in World Politics. Cambridge: Cambridge University Press, 1992: 14.

③ 人民网. 共商共建共享的全球治理理念具有深远意义 [EB/OL]. （2017-09-12）[2019-08-08]. http://theory. people. com. cn/n1/2017/0912/c40531-29529079. html.

治理主体之间的协商和谈判；第二，它将治理看作一种达成协议的过程，这一过程的本质是动态而不是静态的；第三，被治理的对象不是某一个单一的行为体，而是行为体之间的关系；第四，同依靠正式规则来约束以自我利益为中心的行为体的规则治理不同，关系治理是以行为体之间的互信为基石的。① 在中国看来，国与国之间不论大小、贫富或强弱，都是国际社会的平等成员，因此都应当平等参与决策。全球治理的规则制定不能由少数国家所垄断，治理成果也不能被少数国家所独占。要破解"治理赤字"，就要坚持全球事务由各国人民商量着办，推动治理规则民主化。②

"一带一路"则是"共商、共建、共享"理念的具体实践，也是中国参与全球治理，特别是全球经济治理的具体实践。这并不意味着其他方面的治理是不重要的，也不表明中国仅仅愿意参与经济治理。正如有学者指出的"全球化的过程，并非一直由经济主导，政治、文化因素有时也扮演主导角色"。③ 但是，又不可否认，经济治理是其他类型全球治理的基础，解决经济问题也有助于从根本上解决困扰国际社会的其他问题。当前，国际社会面临的很多危机——如难民、恐怖主义、环境退化、传染病、地区冲突等——其背后都有经济因素的影响。难民潮的重要原因之一就是西方世界和非西方世界之间发展的不平衡，而经济落后也往往容易导致恐怖主义等问题的出现。在 2017 年举行的中国共产

---

① Qin Yaqing. Rule, Rules and Relations: Towards a Synthetic Approach to Governance [J]. The Chinese Journal of International Politics, 2011, 04 (02): 133.

② 新华网. 习近平. 为建设更加美好的地球家园贡献智慧和力量——在中法全球治理论坛闭幕式上的讲话 [EB/OL]. (2019-03-26) [2019-08-09]. http://www.xinhuanet. com/politics/leaders/2019-03/26/c_1124286585. htm? agt=1887.

③ 彭慕兰，史蒂文·托皮克. 贸易打造的世界：1400 年至今的社会、文化与世界经济 [M]. 黄忠宪，吴莉苇，译. 上海：上海人民出版社，2018：485-486.

党第十九届全国代表大会上,习近平总书记提出"各国人民同心协力,构建人类命运共同体,建设持久和平、普遍安全、共同繁荣、开放包容、清洁美丽的世界"。①要实现这一宏伟目标,就要改革现有全球治理中不合理的方面,促进全球经济更加普惠均衡发展,特别是推动不发达国家和地区的经济发展。

正是在这一基础上,"一带一路"倡议将"共商、共建、共享"理念付诸实践,即倡导"世界的命运必须由各国人民共同掌握,世界上的事情应该由各国政府和人民共同商量来办"②。在践行"一带一路"时,中国不谋求把自己的发展模式、发展道路、发展计划和发展战略强加于别国,而是寻求将本国政策同他国政策对接,尊重各国现有的发展计划和政策,实现共同发展、共同繁荣。因此,"一带一路"在本质上就要求互联互通。只有实现了互联互通,才能形成各国共同发展的态势。从理论上讲,"一带一路"反映了国家间的共生而非排斥关系。共生是中国在国际关系中长期以来所倡导的理念,正是在共生的基础上,中国才提出了和平共处五项原则、建立国际政治经济新秩序、"和谐世界"乃至构建人类命运共同体等理念。所谓共生,是指共生单元在一定的共生环境中按照一定的共生模式形成的关系,而"一带一路"中的合作问题实质上是次区域合作与区域协调发展问题的结合,是在合作过程中关注合作主体的协调性和互利性。③ 它关注国家间的协调互补关

---

① 习近平. 决胜全面建设小康社会夺取新时代中国特色社会主义伟大胜利 [M]. 北京:人民出版社,2017:58-59.
② 人民网. 弘扬和平共处五项原则 建设合作共赢美好世界——在和平共处五项原则发表六十周年纪念大会上的讲话 [EB/OL]. (2014-06-29) [2019-08-09]. http://politics. people. cn/n/2014/0629/c1024-25213364. html.
③ 衣保中,张洁妍. 东北亚地区"一带一路"合作共生系统研究 [J]. 东北亚论坛,2015,24 (03):69.

系，认为不同国家的发展战略、发展计划不应当是相互排斥的，而是可以相互协调、相互促进。尽管"一带一路"沿线国家政治、经济制度以及社会发展程度有所不同，在历史、文化、宗教等方面也存在诸多差异，但是在参与区域经济合作以获得共同收益、建立国家间协调机制以及维护地区安全等方面拥有共同愿望，因此可以通过政策协调与对接来形成相互补充的共生关系。事实上，经过多年的发展与建设，"一带一路"已经完成了在总体布局和机制规范建设等方面的"大写意"，正在聚焦于设施联通、产业融合等方面绘制精致细腻、高质量发展的"工笔画"。[①] 作为中国为国际社会贡献的重要公共产品，"一带一路"推动中国和沿线国家实现了互利共赢，造福了沿线各国人民，为世界经济发展注入了新动能，也为构建人类命运共同体提供了新动力。

中国提出"共商、共建、共享"治理理念的背景在于，"丛林法则"在当代国际关系中已经显得过时。国家间相互尊重对方的主权和安全，而不是以消灭其他国家为代价来换取自身收益，已经成为国际关系的基本准则。从这个角度来讲，任何国家的发展都不能忽视同其他国家的协调，共生已经成为国际关系的普遍现象。国家的发展需要各种资源，而资源又是稀缺的。因而国家在共生关系中寻求自我实现需要资源这一事实本身，就显示出各方之间的相互依赖性，以及共生关系必然要以承认和尊重他者的存在为前提，要以承认与尊重他者自我实现的成果为前提。[②] 因此，各国不仅要承认与尊重其他国家的生存权，还要承认与尊重其他国家的发展权，尊重、包容其他国家选择的发展道路、发展

---

① 王志民，陈宗华."一带一路"建设的七年回顾与思考［J］. 东北亚论坛，2021，30（01）：104.

② 金应忠. 试论人类命运共同体意识——兼论国际社会共生性［J］. 国际观察，2014（01）：37-51.

模式与发展战略。发展自身、维护与增进本国的权利固然是必要的，但同时又要尊重其他国家维护与增进自身权利的权利，不能通过牺牲其他国家的发展来维护自身的发展，也不能将自身发展战略凌驾于别国发展战略之上。

在这样一种共生系统中，只有合作才能使各国的利益最大化。共生系统中，一方的生存是以另一方的生存为前提和条件的，因而合作才能确保双方的生存。① 合作的目标是实现共赢，也就是合作的双方相互从对方获得收益。同时，合作也是一种政策协调行为，它意味着一个国家根据别国政策的调整相应地调整本国政策和目标，从而使双方都获益。它有两个特点：第一，它是一种目标导向的行为；第二，它是一种通过政策协调来创造共同获利的行为。② 因此，合作并不否认国家行为体的理性主义本质，而是认为在当代国际关系中，理性的行为体即使是出于自身利益考量，也会选择合作而非对抗来促进双方共同利益。在合作中，国家间相互适应对方的政策是至关重要的。

对中国而言，在推进"一带一路"进程中，注重政策协调既有利于自身，也有利于沿线国家。这就使"一带一路"同马歇尔计划等以经济援助为手段，以建立地缘政治势力范围为目标的计划本质上不同。尽管运用经济援助作为主要手段，但马歇尔计划的实质是建立在意识形态基础上的政治和安全战略。③ 在马歇尔计划中，作为受援国的西欧国家并没有自主选择发展战略的权利，相反还要接受美国所设置的种种附加条件，如需要同美国签订双边条约、平衡预算、稳定汇率等。甚至对

---

① 胡键."一带一路"战略构想及其实践研究 [M]. 北京：时事出版社，2016：10.

② 海伦·米尔纳. 利益、制度与信息：国内政治与国际关系 [M]. 曲博，译. 上海：上海世纪出版集团，2010：6.

③ 金玲."一带一路"：中国的马歇尔计划？[J]. 国际问题研究，2015（01）：93.

于援助资金，受援国也不能自由支配，而是要在美国政府同意的条件下购买外国商品。因此，尽管马歇尔计划客观上帮助西欧国家恢复了在"二战"中遭受严重破坏的经济，但更重要的作用则是强化了美国对于西欧国家的控制，遏制了共产主义在欧洲的扩张。与此形成鲜明对比，"一带一路"坚持各国主权和领土完整，"照顾各方舒适度，不强人所难，不干涉他国内政"。①"一带一路"的核心是打造利益共同体、责任共同体和命运共同体，在其中利益共同体是基础。从一定意义上讲，要形成更高层次的共同体，就需要国家拥有集体认同。认同（identification）是一种认知过程，通过它自我和他者之间的边界变得模糊起来，并最终结合在一起。② 认同导致的结果是在自我和他者之间形成了集体身份，或者说自我也被归类为他者。集体身份是推动国家之间形成和平变迁的可靠预期的必要条件，而这种预期则是共同体的典型特征。集体身份还可以增强国家间的互信，因为在相互认同的基础上，互信更容易产生。③ 但是，并不是国家间所有的互动都可以产生认同，消极的互动也可能导致国家间的敌对。既然在共生体系中存在着共同体利益，那么就有可能推动不同国家在这些共同利益基础之上的积极互动，并在此基础上形成利益共同体。

政策沟通与协调正是国家间积极互动的表现形式。随着中国经济的

---

① 中华人民共和国中央人民政府网站. 习近平在"加强互联互通伙伴关系"东道主伙伴对话会上的讲话（全文）［EB/OL］.（2014-11-08）［2019-08-12］. http：//www. gov. cn/xinwen/2014-11/08/content_2776523. htm.

② Alexander Wendt. Social Theory of International Politics［M］. Cambridge：Cambridge University Press，1999：229.

③ Emanuel Adler and Michael Barnett. A Framework for the Study of Security Communities［M］// in Emanuel Adler and Michael Barnett eds. Security Communities，Cambridge：Cambridge University Press，1998：45-46.

发展以及越来越多的中国企业走出国门，中国同他国的经济互动越来越频繁，同时也产生了一些问题。根据相关统计，导致中国企业"走出去"失败的最主要原因就是政治风险。对"一带一路"而言，由于大部分沿线国家都是第三世界国家，大国博弈、政府更迭、法律体系不完善以及外资准入限制等，都对中国同相关国家的经济合作带来了潜在风险。① 如果缺乏政策协调，经济互动可能不仅不会促进共同利益，还会导致负面认同的产生，使国家间关系更趋紧张，同"一带一路"的初衷背道而驰。政策协调的目标就是促进沿线国形成针对"一带一路"的合理顶层设计，通过加强政治互信、深化区域利益融合，形成自上而下的协调机制，保障"一带一路"建设的顺利进行。它是面对沿线国经济发展水平、政治制度、发展战略等多方面的差异时，促进各方共同利益最大化的一种选择。在务实合作的基础上，各国间才拥有了建立相互信任和塑造集体身份的空间。互信之所以重要，是因为它意味着当一方采取合作性姿态时，另一方不会利用其脆弱性来伤害对方，而是报之以合作。如果用博弈论的语言来表述，合作则代表了双方都可以获得最大收益的"保证型博弈（assurance game）"，而不是双方都采取欺骗策略的"囚徒困境（prisoners' dilemma）"博弈。② 事实上，在全球化深入发展、经济高度相互依赖的环境中，以自我利益为中心的政策从短期来看可能带来收益，但从长远来看则会影响各国的共同利益，进而为自身利益带来损害。

具体而言，"一带一路"的政策协调主要体现在两方面：一是加强

① 秦玉才. 等."一带一路"读本 [M]. 杭州：浙江大学出版社，2015：105.
② Brian C. Rathbus. *Trust in International Cooperation* [M]. Cambridge：Cambridge University Press，2012：10.

政府间合作,积极构建多层次政府间宏观政策沟通交流机制。二是沿线国家可以就发展战略进行交流。① 正是在此基础上,中国在"一带一路"中坚持以各方共同为主,而不是"以我为主"的方针。中国是"一带一路"的倡导者和推动者,但并不是主导者,"一带一路"也不可能仅凭中国一国之力便可以建成。只有实现了沿线国家的共同发展和共同繁荣,"一带一路"才能具有生命力和吸引力。正如习近平主席指出的,"'一带一路'建设不应仅仅着眼于我国自身发展,而是要以我国发展为契机,让更多国家搭上我国发展快车,帮助他们实现发展目标"。② 在政策上,这就面临着在以自我利益为中心的"单赢"和在以各方利益公约数最大化的"多赢"之间进行选择的问题。如果选择"单赢",那么"一带一路"就同其他地缘政治战略并无实质性区别,只是中国建立势力范围的工具。如果选择"多赢","一带一路"才能成为全球治理的一条全新路径。作为国际社会的平等成员,任何国家都有自主选择发展道路、制定发展战略的权利,也有推动经济发展、提升国民生活水平的责任。在"一带一路"沿线,各国也制定了不同的发展战略。出于各种原因,西方国家对"一带一路"也有不同声音。例如,在美国外交决策层,很多人认为"一带一路"的目标是实现中国战略空间的向西延伸,甚至是与美国就欧亚大陆地区的陆海战略空间进行权力分享甚至是势力划分。美国军方也有人认为,"一带一路"旨在对抗美国对亚太和欧亚地区的控制,其最终目标是整合欧亚海陆空间,

---

① 王志民."一带一路"的地缘背景与总体思路 [M]. 北京:北京出版集团,2018:61.

② 习近平. 论坚持推动构建人类命运共同体 [M]. 北京:中央文献出版社,2018:339.

构建所谓“去美国化”的地区乃至全球秩序。① 在学术界，也有人认为随着中国实力的增长，建立以自我为中心的势力范围是中国的必然选择。米尔斯海默（John J. Mearsheimer）指出，对中美两国而言，它们都需要追求在亚太地区的霸权，因为这是大国保证其生存的最理想状态。② 根据美国主导西半球的历史，米尔斯海默断言称，中国将会寻求像美国支配西半球那样来支配亚太地区，甚至中国也会在亚洲推行自己的“门罗主义”。这就必然导致随着实力的增强，中国将会试图将美国的势力排挤出亚太地区，正如历史上美国将欧洲大国的势力排挤出西半球那样。③ 如果中国在“一带一路”中真正采取单纯的利己主义政策，而不考虑其他国家的发展战略，则恰好给那些反对“一带一路”的国家以口实，同时也会导致沿线国对“一带一路”的抵触。

因此，即使从地缘环境角度来看，政策协调也是十分必要的。除去美欧等西方国家，在“一带一路”沿线国家中，也有诸如俄罗斯、印度这样的地区大国，这些国家的支持对“一带一路”的实施至关重要。如果在政策上缺乏同沿线国家，特别是沿线大国的协调与沟通，就较容易引发这些国家对于“一带一路”的疑虑甚至是抗拒，导致这些国家将“一带一路”解读为中国的地缘政治战略。以俄罗斯为例，尽管中俄关系在 21 世纪发展迅速，但俄罗斯对中国的防范与猜忌也是客观的事实。特别是“一带一路”沿线的中亚地区被俄罗斯视为传统的“势

---

① 胡晓鹏. 等.“一带一路”倡议与大国合作新发展［M］. 上海：上海社会科学院出版社，2018：5.

② John J. Mearsheimer. The Gathering Storm：China's Challenge to US Power in Asia［J］. The Chinese Journal of International Politics，2010，03（04）：387.

③ John J. Mearsheimer. The Gathering Storm：China's Challenge to US Power in Asia［J］. The Chinese Journal of International Politics，2010，03（04）：389.

力范围",因而它对于任何外部力量介入这些地区的意图都抱有警惕。在 2011 年,俄罗斯就同白俄罗斯和哈萨克斯坦签署了《建立欧亚联盟声明》,其中包含了《欧亚经济一体化联合声明》《欧亚经济委员会条约》和《欧亚经济委员会章程》等文件,内容涉及自贸区、关税同盟、统一的经济空间、经济联盟和绝对的经济一体化等方面。① 尽管由于经济实力限制,欧亚联盟的推进并不如俄罗斯所设想的那样顺利,但是它对其他国家在这一地区影响力的增加仍抱有强烈抵触情绪。在俄罗斯国内,也有声音认为中国所倡导的"丝绸之路经济带"将会扩大中俄两国的矛盾。② 处于"丝绸之路经济带"和"21 世纪海上丝绸之路"交汇处的印度对"一带一路"也有诸多保留,其国内也普遍从政治和安全而非经济角度来解读"一带一路",将其看作中国在地区层面改变印度洋现有战略均势,在全球层面提升中国地缘战略地位的举动。③ 面对这些有意或无意的对"一带一路"的"曲解",如不能在双边层面上同相关国家做好政策协调,就容易给这些国家内部反对"一带一路"的声音以口实,进而阻碍"一带一路"的顺利推进。

---

① 范丽君. 俄罗斯"欧亚联盟"与"中蒙俄经济走廊"构建 [M] //张洁. 中国周边安全形势评估:"一带一路"与周边战略(2015). 北京:社会科学文献出版社,2015:68.

② 庞大鹏. 欧亚经济联盟与丝绸之路经济带的对接合作 [M] //张洁. 中国周边安全形势评估——"一带一路":战略对接与安全风险(2016). 北京:社会科学文献出版社,2016:75.

③ 胡晓鹏等."一带一路"倡议与大国合作新发展 [M]. 上海:上海社会科学院出版社,2018:106.

第二节 "一带一路"背景下的双边政策对接实践

"一带一路"倡议提出近十年来，在双边政策对接方面已经取得了巨大的成就。经过近十年的建设，中国同150多个国家和国际组织签署了共建"一带一路"合作协议，并将"一带一路"倡议同联合国、东盟、非盟、欧盟、欧亚经济联盟等国际和地区组织的发展和合作规划对接，同各国发展战略对接。① 在一定程度上，政策对接体现了约翰·鲁杰（John Gerard Ruggie）所说的"内嵌自由主义（embedded liberalism）"的内涵。所谓内嵌自由主义，可以被理解为经济自由主义和经济民族主义之间的一种"中间道路"，它认为多边经济制度应当有助于维护国内稳定性，与此同时又不会导致消极的外部后果。一方面，它强调国际经济秩序应当以多边主义为基础；另一方面，它又认为这种多边主义应当建立在国家干预的基础之上，而不是完全不受限制的多边主义。② 从这个角度来讲，多边经济制度的设计不能仅仅着眼于商品、服务和资本的自由流动，还必须考虑到各国国内的经济发展目标和社会稳定要求，或者说多边制度必须同各国的国内发展目标相协调。"一带一路"正是在设计时就考虑到沿线国家的多样性，因此将政策沟通作为"五通"之首，并且将政策对接作为倡议执行的核心推动力。中国作为

---

① 习近平. 齐心开创共建"一带一路"美好未来——在第二届"一带一路"国际合作高峰论坛开幕式上的主旨演讲 [M]. 北京：人民出版社，2019：2.

② John Gerard Ruggie. International Regimes, Transactions, and Change: Embedded Liberalism in the Postwar Economic Order [M] //Stephen D. Krasner. International Regimes. Ithaca: Cornell University Press, 1983: 209.

"一带一路"的发起者和倡导者,强调要将自身发展战略同其他国家发展战略对接,就是要照顾到各国国内政治经济需求的多样性,尊重各国维护自身利益的权利,并在"一带一路"基础上寻找国家间共同利益。

因此,中国在各个层次上推动"一带一路"同各种发展计划和战略对接。在 2017 年举行的第一届"'一带一路'国际合作高峰论坛"上,中国同蒙古国、巴基斯坦、尼泊尔、克罗地亚、黑山、波黑、阿尔巴尼亚、东帝汶、新加坡、缅甸、马来西亚等国家签署了政府间"一带一路"谅解合作备忘录,同联合国开发计划署、联合国工业发展组织、联合国人类住区规划署、联合国贸易与发展会议、世界卫生组织、世界知识产权组织等有关国际组织签署了合作文件,中国政府相关部门也同联合国欧洲经济委员会、世界经济论坛、国际道路运输联盟、国际电信联盟、国际民航组织等国际组织签署了合作文件。① 在 2019 年举行的第二届高峰论坛上,中国又同赤道几内亚、利比里亚、卢森堡、牙买加、秘鲁、意大利、巴巴多斯、塞浦路斯、也门等国政府签署了共建"一带一路"谅解备忘录,同塞尔维亚、吉布提、蒙古国、莫桑比克、埃塞俄比亚、巴布亚新几内亚等国政府以及非盟、联合国非洲经济委员会等国际组织签署了共建"一带一路"合作规划或行动计划,此外还同相关国家或国际组织签署了涉及铁路运输、农业发展、投融资合作、文化交流、审计监督、金融监管、工业发展、信息通信等领域的多项合作协定或谅解备忘录。②

在"一带一路"沿线,国家的类型多种多样,既有俄罗斯、印度

---

① "一带一路"国际合作高峰论坛重要文辑 [M]. 北京:人民出版社,2017:39.
② 新华网. 第二届"一带一路"国际合作高峰论坛成果清单(全文)[EB/OL]. (2019-04-28)[2019-08-15]. http://www.xinhuanet.com//world/2019-04/28/c _1124425293.htm.

这类地区大国，也有大量中小发展中国家。因此，在进行政策对接时，要根据不同国家的不同发展需求做出不同安排。中亚地区，俄罗斯倡导的"欧亚经济联盟"同"丝绸之路经济带"发生交汇，而这就涉及中国同俄罗斯及其他相关国家的政策对接。尽管在传统意义上俄罗斯是这一地区的主导者，但是同中国相比，俄罗斯在经济上处于弱势地位，因此也担心中国与中亚国家借助"丝绸之路经济带"发展地区经济一体化，进而削弱俄罗斯与中亚国家的经济联系。当然，"一带一路"同欧亚经济联盟在设计之初就是基于不同的目标。"一带一路"是以经济利益为主导，以打造"以点带线连面"的区域经济合作模式为目标的经济外交构想，没有更多的政治意图。欧亚经济联盟则是一个以经济一体化为先导，最终实现政治、经济和军事一体化的"大联盟"战略。① 因此，中国同中亚国家的合作也仅限于经济、贸易、投资和基础设施建设等领域，并没有涉及政治和安全议题。尽管如此，对俄罗斯而言，没有中亚五国参与的欧亚经济联盟将是不完整的，在此基础上建立的欧亚联盟的范围也将大大缩小，从而压缩俄罗斯的战略空间，而这是俄罗斯所不能接受的后果。因而，在"丝绸之路经济带"向西延伸的过程中，需要考虑到俄罗斯在中亚地区的传统影响，避免在"丝绸之路经济带"和"欧亚经济联盟"之间产生竞争，甚至是冲突。

自 2012 年普京再次掌权以来，中俄关系保持了稳定、健康的发展。2014 年，中俄共同发表了《中俄关于全面战略伙伴关系新阶段的声明》，指出"在双方的共同努力下，中俄关系已提升至全面战略协作伙

---

① 范丽君. 俄罗斯"欧亚联盟"与"中蒙俄经济走廊"构建［M］//张洁. 中国周边安全形势评估："一带一路"与周边战略（2015）. 北京：社会科学文献出版社，2015：68.

伴关系新阶段。双方将保持和深化高层战略互信对话，提高现有双边政府、议会、部门和地方间合作机制效率，必要时建立新的合作机制，确保全面快速发展的务实合作、人文交流和民间交往取得更大成果，进一步密切协调外交行动"。对于国际形势，双方则指出"在当今世界，各国和各国人民的相互依存度以及经济文化融合度持续加强。国际形势更加复杂多变，全球竞争加剧，这些因素在很大程度上影响着国际议程""应当尊重各国的历史传承、文化传统和自主选择的社会政治制度、价值观、发展道路，反对干涉他国内政，放弃单边制裁以及策划、支持、资助或鼓励更改他国宪法制度或吸收他国加入某一多边集团或联盟的行为，维护国际关系稳定和地区及全球和平与安全，化解危机和争端，打击恐怖主义和跨国犯罪，防止大规模杀伤性武器扩散""支持联合国在维护世界和平、促进共同发展、推动国际合作方面发挥中心作用"，以及"继续在鼓励和促进尊重人权方面开展合作，以推动国际社会同等重视公民权利、政治权利和经社文权利及发展权，尊重文化和文明的多样性"等。①

2015年5月，中俄两国元首在莫斯科又发表了《中华人民共和国和俄罗斯联邦关于深化全面战略协作伙伴关系、倡导合作共赢的联合声明》。在这份声明当中，两国提出要"不断巩固全面战略协作伙伴关系，在维护各自主权、领土完整、安全，防止外来干涉、自主选择发展道路，保持历史、文化、道德价值观等核心关切上巩固相互支持和协助"，并且提出两国将"完善两国政府、立法机关、各部门、地方和民

---

① 新华网. 中俄关于全面战略伙伴关系新阶段的联合声明 [EB/OL]. (2014-05-20) [2019-08-15]. http://news. xinhuanet. com/world/2014-05/20/c_1110779577_2. htm.

间业已建立的交往机制，创新合作渠道，充分利用高水平的政治关系带来的有利机遇，推动各领域合作取得更多实际成果，促进两国的发展与振兴"。对于国际形势，两国呼吁世界各国"尊重各国主权和领土完整，尊重彼此核心利益和重大关切，尊重各国人民自主选择的社会制度和发展道路，反对颠覆合法政权的行径""恪守《联合国宪章》、和平共处五项原则及其他国际法和国际关系基本准则，认真履行国际条约，将倡导和平发展和合作共赢理念、推进世界多极化以及促进国际关系民主化和法治化作为外交政策的基本方向""通过政治外交途径解决国家间分歧和争端，反对零和博弈、赢者通吃的冷战思维和行径，反对使用武力或以武力相威胁，反对实行单方面制裁和威胁实行制裁"，以及"尊重文化差异和文明多样性，推动不同文明建设性协作。倡导不同文明相互丰富，反对排他性"等。除此之外，双方还承诺将在上海合作组织、金砖国家组织、20 国集团以及"一带一路"等框架下积极开展合作，以维护地区安全稳定，促进地区经济的共同发展。① 2019 年，两国元首又签署了《中华人民共和国和俄罗斯联邦关于发展新时代全面战略协作伙伴关系的联合声明》，表示双方将守望相助，相互给予更加坚定的战略支持，并且就国家发展战略进行密切协调和战略对接，在推进"一带一路"与"欧亚经济联盟"对接方面加强协调行动，将政治合作、安全合作、务实合作、人文交流和国际协作作为中俄全面战略协作伙伴关系的重点领域。② 2021 年，在《中俄睦邻友好合作条约》签

---

① 环球网. 中俄发布深化全面战略协作伙伴关系联合声明（全文）[EB/OL]. (2015-05-09) [2019-08-15]. http: //world. huanqiu. com/hot/2015-05/6393653. html.

② 中华人民共和国中央人民政府网. 中俄元首签署中华人民共和国和俄罗斯联邦关于发展新时代全面战略协作伙伴关系的联合声明 [EB/OL]. (2019-06-06) [2022-03-20]. http: //www. gov. cn/xinwen/2019-06/06/content_5397860. htm.

署 20 年之际，两国宣布这一条约延期，并表示要继续保持高层交往，扩大双边贸易规模，共同维护全球和地区的和平与稳定。

总体上，俄罗斯对"一带一路"持支持态度。俄罗斯总统普京曾称赞"一带一路"倡议是"世纪工程"，也同俄国家发展战略高度契合。同时，俄罗斯已经批准在其境内修建一条长 2000 公里，连接哈萨克斯坦和白俄罗斯的高速公路，而这也是俄罗斯为"一带一路"量身定做的首个工程。这一公路建成后，将大大缩短中国西部同欧洲中部货运枢纽之间的距离。① 俄罗斯希望借助"一带一路"，发展其远东地区。远东地区占俄罗斯国土面积的三分之一左右，是俄罗斯作为横跨欧亚大陆的地缘政治大国的战略支点。为此，近年来俄罗斯也对发展这一地区投入了大量精力。2013 年，俄罗斯政府正式公布了《俄罗斯远东和贝加尔湖地区社会经济发展国家规划》，将远东开发上升为国家战略。俄罗斯一方面希望借助该规划扩大对外开放，加快融入亚太地区，促进出口市场多元化；另一方面也有意图通过这一规划遏制远东地区人口下降的趋势，加强俄中央政府对远东地区的影响，维护自身地缘政治和经济利益。2018 年 9 月，主题为"远东——拓展潜能界限"的东方经济论坛在俄罗斯符拉迪沃斯托克举办，中国国家主席习近平也应邀与会，而这也是中国领导人首次参加该论坛。当前，中俄两国已经在远东地区开展了跨境基础设施建设，港口、公路、铁路等现代化基础设施建设进入快速发展期，其中包括同江跨境铁路大桥和连接黑河和布拉戈维申斯克的公路大桥。在能源合作上，俄罗斯最大的天然气加工项目——远东地

---

① 中华人民共和国商务部网站. 俄罗斯总统普京盛赞中国"一带一路"是世纪工程 [EB/OL]. (2019-04-28) [2019-08-15]. http：//www. mofcom. gov. cn/article/i/jyjl/k/201904/20190402858076. shtml.

区阿穆尔天然气加工厂于 2017 年 8 月开工。这一项目是俄罗斯东部天然气计划的一部分,建成后将增强对中国出口天然气的能力。在跨境旅游方面,俄罗斯已经在部分自由港简化了电子签证制度,使中国等国家的公民可以更方便地到俄旅游。① 俄罗斯政府资金有限,且远东地区地广人稀,因而中国可以发挥在资金和人力资源方面的优势,同俄罗斯合资开办企业,共同建设、开发远东地区。中俄两国地理上毗邻,经济互补性强,并且双方政治关系长期保持稳定,这些都为两国围绕"一带一路"开展广泛而卓有成效的合作奠定了坚实的基础。据 2018 年的一份报告显示,根据"政策沟通、设施联通、贸易畅通、资金融通、民心相通"五个领域的务实合作情况,对"一带一路"沿线 94 个国家进行打分,俄罗斯以 86.24 分高居所有国家榜首,成为同"一带一路"联系最为紧密的国家。② 中俄两国围绕"一带一路"仍然有较大的合作空间,特别是两国需要进一步推动城市间的合作,促进城市发展战略对接。

中亚国家对"一带一路"总体上也持欢迎态度。中国同中亚国家的外交关系较为稳定,中亚各国也普遍希望得到中国的更多投资。受内外部多重因素的影响,2013 年以来中亚国家内部分化加剧,南北差异、城乡差距扩大,同时中亚国家之间的发展差距也在拉大。作为中亚地区第一大国的哈萨克斯坦,一国的 GDP 是其他中亚四国总量的 2 倍,形成了"一家独大"的局面,并且这一趋势还在持续。同时,哈萨克斯坦在地理上贯穿欧亚大通道,具有强劲的发展潜力和带动中亚地区经济

---

① 新华网. 5 年"一带一路"推动中俄远东地区合作 [EB/OL]. (2018 - 09 - 10) [2019 - 08 - 15]. http://www. xinhuanet. com/world/2018-09/10/c_129950769. htm

② 俄罗斯卫星通讯社. 报告:俄罗斯"一带一路"五通指数排名第一 [EB/OL]. (2018- 12-26) [2019-08-16]. http://sputniknews. cn/economics/201812261027213880/.

发展的能力，因而也成为"一带一路"倡议的重点合作国家。① 哈萨克斯坦也在雄心勃勃地推动其"光明之路（又称光明大道）"计划，这一经济发展计划涉及加强基础设施建设、扶植中小企业、解决银行坏账。按照纳扎尔巴耶夫总统的说法，基础设施建设是这一经济计划的核心，其中包括霍尔果斯口岸经济特区基础设施建设和阿克苏油气设施建设等。此外，哈萨克斯坦还将加强运输基础设施建设，以重点口岸带动周边地区发展，加强地区公路、铁路和航空运输能力。②

2013 年在哈萨克斯坦纳扎尔巴耶夫大学的演讲上，习近平主席提出了共建"丝绸之路经济带"的倡议，由此可见中国对哈萨克斯坦的重视。这一倡议提出后，中哈两国在共建"一带一路"的道路上紧密携手，特点突出，取得了令人瞩目的成果。习近平主席和纳扎尔巴耶夫总统进行了多次互访，为发展战略对接指明方向，加强了政治互信。双方总理定期会晤，副总理级合作委员会及其下设各分委员会及时协调具体合作事宜，为合作提供机制保障。2016 年，两国签订了《中华人民共和国政府和哈萨克斯坦共和国政府关于"丝绸之路经济带"建设与"光明之路"新经济政策对接合作规划》，而这也是首个在"一带一路"框架下发布的双边合作规划。它既是中哈两国之间加强发展战略对接、深化务实合作的一项顶层设计，也是构建中国—中亚—西亚国际经济合作走廊的重要步骤。根据《中华人民共和国政府和哈萨克斯坦共和国政府关于"丝绸之路经济带"建设与"光明之路"新经济政策对接合

---

① 王海燕."一带一路"视域下中亚国家经济社会发展形势探究［J］.新疆师范大学学报（哲学社会科学版），2015，36（05）：80.

② 中国"一带一路"网.哈萨克斯坦：光明大道计划［EB/OL］.（2016-09-29）［2019-08-16］.https://www.yidaiyilu.gov.cn/zchj/gjjj/1065.htm.

作规划》，中哈双方将本着平等合作、互利共赢的原则开展合作，尊重彼此利益关切，寻找双方发展战略的契合点，增进两国人民福祉。这一政策对接将"提高两国基础设施互联互通水平，推动投资贸易发展，加强交通运输、工业、农业、能源、新兴产业、金融、知识产权等领域深度合作"，其最终目标是"促进共同繁荣，提升在国际市场上的联合竞争力"。[①]"光明之路"计划是哈萨克斯坦政府在应对全球金融危机影响的背景下提出的，它致力于在哈国内推动基础设施建设，促进社会稳定。哈萨克斯坦有项目需求，而中国有资金、技术和产能等方面的优势，因而合作潜力巨大。2017年，哈萨克斯坦总统纳扎尔巴耶夫访华，并再次强调支持"一带一路"同"光明之路"的对接，愿意在此框架下深化两国在经贸、农业、矿业、铁路、科技等领域的务实合作，同时也愿意加强同中国在国际和地区安全与发展领域的合作。[②]

当前，中哈合作已经成为中国塑造周边关系的典范。在周边关系中，中国致力于践行"亲、诚、惠、容"的理念，坚持睦邻、安邻、富邻。中国主张要本着互惠互利的原则同周边国家开展合作，编织更加紧密的共同利益网络，把双方利益融合，从而让周边国家可以得益于中国的发展，也可以使中国从周边国家的发展中获益。[③] 按照两国政策对接计划，连接两国的"光明之路"口岸于2018年9月正式开通。该口

---

① 中国"一带一路"网. 中华人民共和国政府和哈萨克斯坦共和国政府关于"丝绸之路经济带"建设与"光明之路"新经济政策对接合作规划 [R/OL]. (2017-02-16) [2019-08-16]. https：//www. yidaiyilu. gov. cn/wcm. files/upload/CMSydylgw/201702/201702160515014. pdf.

② 中国"一带一路"网. 习近平会见纳扎尔巴耶夫：共建"一带一路"进入深度融合新阶段 [EB/OL]. (2017-05-14) [2019-08-16]. https：//www. yidaiyilu. gov. cn/xwzx/xgcdt/13393. htm.

③ 习近平. 论坚持推动构建人类命运共同体 [M]. 北京：中央文献出版社，2018：66.

岸的通关能力相比原来的霍尔果斯口岸提高了 9 倍，达到每天 2500 车次。此外，中哈两国还按照 PPP 模式合作建设了其他项目，如图尔克斯坦州高速公路、全球电子空运项目以及住房公共建设项目等。① 随着"一带一路"的不断深化，中哈之间的合作已经超越了传统的在上海合作组织当中以政治和安全为主的合作，进一步向经济、贸易、金融、资源开发和基础设施建设等领域发展，合作范围不断扩展，合作深度不断增强。两国之间的关系从睦邻伙伴关系发展为战略伙伴关系，后又发展为全面战略伙伴关系，双方政治互信水平不断提高，并且在经济发展、军事安全以及重大国际问题等方面开展了密切沟通和合作。哈萨克斯坦是中国重要的油气进口来源国之一，而中国也是哈萨克斯坦的第一大贸易伙伴，双方经济互补性强。同时，在共同打击恐怖主义、跨境水资源利用与保护等方面，两国也拥有巨大的合作空间。总体上看，随着"一带一路"的深入推进，中哈两国已经成为政治上友好相处、发展上相互对接、国际上相互支持的新型国际关系范例，这对于促进地区繁荣与稳定、世界和平与发展以及构建人类命运共同体均具有重大示范意义。②

在"一带一路"的相关项目中，最引人注目的则是六大经济走廊。2015 年公布的《推动共建丝绸之路经济带和 21 世纪海上丝绸之路的愿景与行动》中明确指出，"一带一路"要在陆上依托国际大通道，以沿线中心城市为支点，以重点经贸产业园区为合作平台，共同打造新亚欧

---

① 中国"一带一路"网. 哈"光明之路"口岸年运营收入将达 500 亿坚戈 [EB/OL]. (2018 – 10 – 26) [2019 – 08 – 23]. https：//www. yidaiyilu. gov. cn/xwzx/hwxw/69780. htm.

② 中国"一带一路"网. 中哈关系成"一带一路"框架下新型国际关系范例 [EB/OL]. (2017 – 06 – 09) [2019 – 08 – 23]. https：//www. yidaiyilu. gov. cn/ghsl/gnzjgd/15734. htm.

大陆桥、中蒙俄、中国—中亚—西亚、中国—中南半岛等国际经济合作走廊；海上以重点港口为节点，共同建设通畅安全高效的运输大通道。中巴、孟中印缅两个经济走廊与推进"一带一路"建设关联紧密，要进一步推动合作。① 五年多以来，中国同沿线国家加强政策协调，在人员交流、货物运输、资金技术、基础设施建设等方面密切合作，在陆上和海上同步推进六大经济走廊建设，取得了长足进展。

2015年7月，在第二次中国、俄罗斯和蒙古国三国元首会晤中，三国同意将中国的丝绸之路经济带建设、俄罗斯的欧亚大通道建设和蒙古国的"草原之路"倡议进行对接，推动构建中蒙俄经济走廊。2016年9月，中国国家发展和改革委员会正式公布了《建设中蒙俄经济走廊规划纲要》，明确了经济走廊建设的具体内容、资金来源和实施机制，确定了重点合作项目和合作领域，涉及互联互通、产业合作、能源合作、生态环保、科技教育、人文交流等诸多方面。《建设中蒙俄经济走廊规划纲要》指出，经济走廊建设要以平等、互利、共赢原则为指导，以对接三国的经济发展倡议为目标，其宗旨是通过在增加第三方贸易量、提升产品竞争力、加强过境运输便利化、发展基础设施等领域实施合作项目，进一步发展三国间的三边合作，从而建设和拓宽互利共赢的经济发展空间，发挥三方潜力和优势，促进共同繁荣，提升在国际市场上的联合竞争力，推动地区经济一体化。② 同时，中国也确定了中蒙俄经济走廊的两条线路：一条是结合京津冀一体化，从华北的京津冀到内

---

① 光明网. 国家发改委，外交部，商务部. 推动共建丝绸之路经济带和21世纪海上丝绸之路的愿景与行动［EB/OL］. (2015-03-28)［2020-01-30］. http：//www. xin-huanet. com/world/2015-03/28/c_1114793986. htm.

② 中国"一带一路"网. 建设中蒙俄经济走廊规划纲要［R/OL］. (2017-02-15)［2020-01-30］. https：//www. yidaiyilu. gov. cn/wcm. files/upload/CMSydylgw/201702/201702150500007. pdf.

蒙古呼和浩特,再到蒙古国和俄罗斯。另一条则是在中国东北地区经大连、沈阳、长春、哈尔滨、满洲里到俄罗斯的赤塔。通过这两条线路,将三国的发展倡议进行对接,加强铁路和公路的互联互通,推动通关和运输便利化,并且积极在旅游、智库、媒体、环保、减灾救灾等领域开展三国间的合作。①

新亚欧大陆桥是将中国东部沿海地区同西欧连接起来,横穿亚欧大陆的国际铁路交通线。新亚欧大陆桥经济走廊全长达 10900 千米,涉及世界上 30 多个国家和地区。中欧班列和口岸建设是新亚欧大陆桥经济走廊建设的主要内容,推动了沿线各国之间的货物贸易往来。2011 年 3 月,首趟中欧班列从重庆发车。截至 2018 年年底,中欧班列运营线路已经达到 65 条,通达欧洲 15 个国家的 44 个城市。② 自中欧班列开通以来,中国国家铁路集团有限公司积极加大境外项目组织实施力度,发挥专业、行业优势,深入开展双边、多边国际合作交流,扩大对外开放,加强"走出去"力度。2019 年全年,中欧班列全年共开行列车 8225 列,同比增长 29%,发送 72.5 万标箱,同比增长 34%,综合重箱率达 94%。③ 当然,中欧班列运行过程中,部分线路也会面临一些问题,如收益不高,而这也是需要着力加以解决的。未来,中欧班列运营需要进一步建立以质量为导向的考核评价体系,重点拓展回程货源,促进进出口平衡,加强通关效率,缩短运营周期,优化运营线路,加强安全保

---

① 王志民."一带一路"的地缘背景与总体思路 [M]. 北京:北京出版集团,2018:51-52.

② 新华网. 中欧班列运行线路已达 65 条 [EB/OL]. (2018-10-16) [2020-02-17]. http://www.xinhuanet.com/2018-10/16/c_129972777.htm.

③ 中国"一带一路"网. 2019 年中欧班列开行 8225 列,综合重箱率达到 94% [EB/OL]. (2020-01-04) [2020-02-17]. https://www.yidaiyilu.gov.cn/xwzx/gnxw/114531.htm.

障,降低货物风险。同时,还要充分尊重铁路运输经济的特点和发展规律,进一步细分市场需求,找准市场定位,特别是对那些只有宣传效应而经济收益较低的路线,要采取措施挖掘这些线路的经济潜力。

中国—中亚—西亚经济走廊是一条陆上走廊,它从"丝绸之路经济带"的核心地区中国新疆出发,跨越中亚五国,即哈萨克斯坦、吉尔吉斯斯坦、塔吉克斯坦、乌兹别克斯坦、土库曼斯坦,并最终抵达西亚地区的伊朗和土耳其等国家。事实上,这是一条能源走廊,其中中哈原油管道西起哈萨克斯坦的阿特劳,途经肯基亚克、库姆科尔和阿赤塔,东到中国的阿拉山口——独山子输油管道首站,全线总长 2800 多公里。同时,这也是一条推动沿线国家互联互通和产能合作的经济走廊,它以能源合作为主,以基础设施建设、贸易和投资便利化作为支撑,着重发展高新技术产业。需要注意的是,这条走廊面对的安全风险较大,所经地区较容易受到恐怖组织等非传统安全威胁。在意识形态方面,"一带一路"主要同现有各国政府合作,以实现地区共同富裕。

中国—中南半岛经济走廊是以中国南宁和昆明为起点,以新加坡为终点,穿越中南半岛的越南、老挝、柬埔寨、泰国、缅甸、马来西亚等国家,其目标是推动中国同东盟国家之间的经贸合作。随着东盟国家经济的不断发展,这条走廊的重要性日益凸显。2016 年 5 月,第九届泛北部湾经济合作论坛暨中国—中南半岛经济走廊发展论坛在广西南宁举行,各国代表围绕着"携手泛北合作、共建'一带一路'"的主题,探讨推进泛北部湾地区的区域经济合作,实现地区共同繁荣。会议发布了《共建中国—中南半岛经济走廊倡议书》,提出中南半岛是"一带一路"建设的重要方向,强调中国与中南半岛国家是一衣带水的友好邻邦,经济互补性强,市场容量、合作空间和发展潜力巨大。中国在

《共建中国—中南半岛经济走廊倡议书》中表示，在尊重各国主权和领土完整、互不侵犯、互不干涉内政、平等互利、和平共处的基础上，坚持共商、共建、共享原则，积极推进与区域内国家间的联系和对接，共同打造以中国广西、云南为主要门户，向北延伸至中国广大内陆腹地和东部发达地区，向南经越南、老挝、柬埔寨、缅甸、泰国延伸至马来西亚和新加坡的中国—中南半岛经济走廊。为此，中国为经济走廊建设提出四点倡议：一是加强沟通衔接，凝聚合作共识。二是推动互联互通，畅通合作渠道。三是推动便利化，扩大贸易投资往来。四是密切人文往来，夯实民意基础。① 按照规划，围绕这一经济走廊将建设中国—中南半岛跨境电商结算平台、中国—东盟（钦州）华为云计算及大数据中心、南海国际邮轮母港及航线工程、缅甸中国（金山都）农业示范区等项目。同时，雅万高铁建设、中老高铁建设、泰国东部经济走廊重点建设项目等合作项目也在稳步推进。②

中巴经济走廊建设可以追溯至 2006 年，时任巴基斯坦总理阿齐兹首先提出要建立中巴能源走廊。2013 年李克强总理访问巴基斯坦时，提出开展互联互通、海洋等新领域的合作，双方开始制订中巴经济走廊愿景规划。该走廊将打通中国西北进入印度洋的通道，是连接欧洲、非洲和中东的最短路径。它的起点位于中国新疆喀什，终点是巴基斯坦的瓜达尔港，全长 3000 多千米。同时，该走廊北边连接"丝绸之路经济带"，南边连接"21 世纪海上丝绸之路"，是贯通北方"丝绸之路"和

---

① 中国新闻网. 第九届泛北论坛发布共建中国—中南半岛经济走廊倡议书［EB/OL］.（2016-05-26）［2020-02-17］. http：//www. gx. chinanews. com/special/2016/0526/5216. html.
② 王志民. "一带一路"的地缘背景与总体思路［M］. 北京：北京出版集团，2018：55.

"南方丝绸之路"的关键枢纽。① 同中国—中亚—西亚经济走廊相似，安全问题也是中巴经济走廊所面临的首要风险与挑战。作为"一带一路"重要的节点国家，巴基斯坦是中国全天候的合作伙伴，两国在国际与地区事务中也有诸多共同立场。随着瓜达尔港投入运营和中巴跨境铁路开始建设，未来中国能够从新疆喀什经巴基斯坦直接通向中东地区，从而有利于进一步维护中国能源安全。但是，巴基斯坦国内民族宗教问题错综复杂，政治安全形势也不尽如人意，构成了对中巴经济走廊的巨大挑战。对中国而言，巴基斯坦国内安全形势的恶化直接威胁到在巴从事建设的中国公民的人身安全，对中巴铁路和瓜达尔港等重要项目的建设或运营构成了严重挑战。

　　构建孟中印缅经济走廊的设想始于20世纪末期，当时中国的一些学者提出加强四国间的经济联系，并得到四国响应。2013年，李克强总理先后访问了印度和巴基斯坦，正式提出孟中印缅经济走廊倡议，并同印度政府达成共识。从地理上看，该经济走廊所涵盖的地区是四个国家的沿边地区，基础设施建设较为落后，但是也有较大发展潜力。该走廊包括中国的四川、贵州、云南、广西等西南省份，以及孟加拉国、缅甸和印度的西孟加拉邦、比哈尔邦等东部各邦，总面积大约165万平方千米，人口达4.4亿。从地缘政治经济角度看，该走廊可以辐射东亚、南亚、东南亚和中亚等地区，具有重要的政治和经济意义。相比于其他经济走廊建设，孟中印缅经济走廊的推进相对较慢，也没有建立起长效机制，其中的主要原因在于印度对建设经济走廊的态度犹豫不决，影响了经济走廊的整体建设。事实上，印度对待孟中印缅经济走廊的态度是

---

① 王志民."一带一路"的地缘背景与总体思路［M］.北京：北京出版集团，2018：56.

较为矛盾的。一方面作为这一走廊的倡导国之一，印度希望借助孟中印缅经济走廊加快"印度经济"和"中国经济"对接，并且在政治上实现从"向东看"到"向东干"的战略转型，保障其东北部的安全；另一方面，印度对中国在孟中印缅经济走廊建设中的政治、经济和安全影响力的提升抱有疑虑，担心中国同其争夺地区"主导权"，因而对经济走廊建设保持高度警惕。① 具体而言，印度对于孟中印缅经济走廊的担心主要集中在四方面，并且都同中国有关：第一，印度认为中国希望通过建立经济走廊实现地缘政治目标，从而将自身势力深入到两国有争议的地区。第二，即使从经济上看，印度也认为中国希望通过孟中印缅经济走廊来实现利己的经济目标，特别是实现云南及相邻省份的经济繁荣。而对孟印缅三国而言，这一经济走廊会恶化其对外贸易，中国商品的大量涌入也会影响其国内产业。第三，印度认为在经济走廊建设中，中国单方面影响力过大，或者说在经济走廊中，印度不具有能够同中国云南等省份实力相匹配的地区。第四，中印之间政治互信的缺失也影响了走廊建设。在印度看来，中国做出了很多"不友好"举动，如不支持印度成为联合国安理会常任理事国、没有解决边界问题、中巴经济走廊经过印巴争议的克什米尔地区等，而这导致两国之间缺乏政治互信。② 2018 年，中印两国领导人在武汉会晤，双方同意更加积极地推动国际和区域合作，共同应对全球性挑战，带动地区发展，也强调要共同推进国际关系民主化，支持多边贸易体制，反对贸易保护主义。在双边关系中，两国领导人表示将坚持战略自主和不冲突、不对抗原则，共同

---

① 罗圣荣，聂姣. 印度视角下的孟中印缅经济走廊建设 [J]. 南亚研究，2018（03）：1.

② 姚遥，贺先青. 孟中印缅经济走廊建设的现状及前景 [J]. 现代国际关系，2018（08）：50-51.

推动建设相互尊重、公平正义、合作共赢的新型国际关系。同时,两国领导人也提出中印要为推动地区经济发展做出贡献,推动孟中印缅经济走廊建设。① 对中印两国而言,最重要的任务是落实两国领导人业已达成的共识,带动印度各界和相关国家积极参与到经济走廊的建设中,增强政治互信,超越地缘政治因素对两国经济合作的牵绊。

当前,"一带一路"已经不再局限于传统的"丝绸之路"沿线,而是进一步向纵深发展,向南向北延伸。向南,"一带一路"已经延伸到大洋洲;向北,"一带一路"正在推动中国同北欧国家开展深入合作。在向南延伸中,巴布亚新几内亚是第一个同中国签订"一带一路"谅解备忘录的太平洋岛国。中国公司参与了巴新第一个现代化海滨公园——艾拉海滩的建设,该项目位于巴新首都莫尔斯比港,主要目标是为该地区民众提供一个休闲场所,其中包括三个篮球场、三个沙滩排球场和三个人工海滩。事实上,巴新对参与"一带一路"有浓厚的兴趣。作为南太平洋地区最大的岛国,巴新拥有较为丰厚的油气和矿产资源,但是由于基础设施建设落后,其资源优势一直难以充分发挥。对此,巴新官方曾表示,该国希望借助"一带一路"推动经济发展,特别是完善农村人口教育、医疗卫生设施和道路建设等,并希望在通信、科技、城市管理、交通和基础设施建设等领域借鉴中国经验。② 2018 年 6 月,巴新总理奥尼尔访华,同中国正式签订了"一带一路"建设备忘录。他表示,中国致力于建设"一带一路",并在此基础上构建人类命运共

---

① 新华网. 掀开中印关系新篇章——中印领导人武汉非正式会晤解读 [EB/OL].
(2018-04-28) [2020-02-17]. http://www.xinhuanet.com/2018-04/28/c_1122761587.
htm.

② 光明网. 巴布亚新几内亚:"一带一路"将帮助我们实现"强国梦" [EB/OL].
(2018-09-28) [2020-02-25]. http://news.gmw.cn/2018-09/28/content_31411853.
htm.

同体，与各国共享机遇、共同发展、共同繁荣，而这对国际关系的发展具有重大意义。他同时指出，巴新拥有很多自然资源，希望中国也可以利用这些资源实现经济增长，从而使两国实现合作共赢。①

大洋洲最大的国家澳大利亚对待"一带一路"的态度则较为复杂。近年来，随着亚太地区安全形势的变化和澳大利亚国内执政党的变迁，澳大利亚的对华政策也正在调整。2016 年，澳大利亚大选之后，国内面临着艰难的政治、经济等方面的调整任务，同时党派之间的纷争也不断加剧。随着社会发展更加多元化，澳大利亚国内也出现了极端化倾向。面对中国的迅速崛起，澳国内对中国的疑虑在不断增加，与此同时美澳同盟则更加紧密。一方面，中澳之间密切的经济联系使得澳政府意识到，保持同中国的平稳关系有助于帮助本国克服经济发展中的困难；另一方面，澳政府又对中国军事力量，特别是海上力量的发展抱有疑虑。但是在经济与政治和安全利益的权衡当中，澳政府更加侧重于后者。当前，中国已经成为澳大利亚第一大货物贸易伙伴、第一大进口来源地和第一大出口目的地，并且中国也是澳大利亚第二大投资来源地。同时，中国还是澳大利亚第一大留学生来源国，以及最重要的游客来源国。作为全球主要发达经济体之一，澳大利亚也是世界上主要的农产品和矿产品出口国。从经济上看，中澳两国呈现高度互补的态势，正是在这一基础上，2015 年中澳自贸协定正式生效。按照有关测算，自贸协定将使中国出口澳大利亚的产品总共获得约 16.6 亿美元的关税减免，有助于推动中国纺织品、服装和皮革制品、电子和机械设备、钢铁和金

---

① 国际在线. 巴布亚新几内亚总理奥尼尔：巴新愿搭乘"一带一路"发展快车［EB/OL］.（2019-04-19）［2020-02-25］. http：//news. cri. cn/20190419/31df72e5-2c0d-73e2-2a63-d00af80ee794. html.

属制品等对澳出口,而澳方也将扩大对中国的牛肉和乳制品等商品出口。① 另外,澳大利亚致力于在中美两个大国之间保持"平衡",并为此加强同美国的安全联系。例如,在 2016 年的中菲南海仲裁案当中,在政治与经济利益之间进行权衡后,澳最终选择支持美国。

美澳同盟的存在会加剧澳政府对华战略的疑虑,同时在某些问题上选择倒向美国,但中澳两国之间仍具有坚实的合作基础。第一,作为传统的资源密集型国家,澳大利亚正致力于经济模式转型,而发展新兴产业、制造业和基础设施建设则是重要内容。澳方的优势在于可以利用其科技和服务业方面的专长,推动传统农业和矿业发展的高级化,而这同中国未来的产业发展方向是高度契合的。第二,中澳自贸区也可以进一步促进贸易和投资便利化,推动双方在相关产业和领域中继续深度合作。第三,双方同为亚太地区重要国家,在亚太经合组织、东亚峰会和东亚地区安全合作等地区性组织与合作机制中具有共同利益,而这可以在一定程度上抵消美澳同盟的消极影响。第四,澳大利亚致力于发挥中等强国作用,亚太地区则是其立足点,而这同中国将周边地区作为对外关系的重中之重的理念也是一致的。② 随着"一带一路"的深入推进,这一倡议在澳国内也引起了更广泛的关注。相比于联邦政府,澳地方政府对"一带一路"的认识更加积极,也更加希望通过参与"一带一路"分享成果。2019 年,澳大利亚维多利亚州政府同中国国家发改委签署了《中华人民共和国国家发展和改革委员会与澳大利亚维多利亚州政

---

① 中国自由贸易区服务网. 中澳自贸协定含金量究竟有多高 [EB/OL]. (2016-05-27) [2020-02-28]. http: //fta. mofcom. gov. cn/article/chinaaustralia/chinaaustraliagfguandian/201605/32019_1. html.

② 韩峰. 中澳关系的调整与亚太格局的变化 [M] //张洁. 中国周边安全形势评估 (2017): 大国关系与地区秩序. 北京: 社会科学文献出版社, 2017: 101-102.

府关于共同推进"一带一路"建设框架协议》，该协议包含多个领域的合作，包括让更多中国企业参与维多利亚州的大型基础设施建设，以及让维多利亚州企业参与世界各地的"一带一路"项目等。①

　　向北延伸，"一带一路"已经深入北欧和北极地区。北欧国家的特殊性在于，它们既有欧盟成员国，也有非欧盟成员国。北欧五国中的三个国家——丹麦、瑞典和芬兰是欧盟成员国，其对待"一带一路"的态度不可避免地受到欧盟的影响。事实上，欧盟对于"一带一路"的态度也经历了一个由疑虑到参与的转变过程。在这一倡议刚提出时，欧盟的反应并不积极，特别是担心中国借助自身的影响力分化欧盟。但是随着逆全球化思潮的涌现以及欧盟自身所面临的政治、经济和社会危机的不断加剧，借助"一带一路"促进自身发展以缓解内部危机的呼声在欧盟内部也越来越高。2016 年，欧盟委员会发表了一份名为《欧盟对华战略新要素》的报告，将促进欧洲经济增长、扩大就业、推动欧洲企业进入中国市场作为中欧合作的主要机遇，并且指出双方可以就深入、全面的自由贸易协定进行商谈。② 欧盟发表这一报告的背景是中国在全球经济治理中不断谋求增强自身的话语权，并且在亚太地区的影响力也在不断增大。相比之下，欧洲则面临经济发展迟缓、社会危机、难民危机、恐怖主义组织、地缘政治危机等诸多挑战，因此需要加强同中国的联系。尽管中欧双方在一些领域还存在分歧，但双方在维护多边主义、加强全球治理、建设互联互通、推动基础设施建设等方面具有共同

---

①　中国"一带一路"网. 中国与澳大利亚维多利亚州签署共同推进"一带一路"建设框架协议 [EB/OL]. （2019-10-25）［2020-03-01］. https：//www. yidaiyilu. gov. cn/xwzx/bwdt/107406. htm.

②　新华网. 欧盟委员会提出未来 5 年对华新战略 [EB/OL]. （2016-06-23）［2020-03-05］. http：//www. xinhuanet. com/world/2016/06/23/c_1119097857. htm.

利益，同时欧盟也支持中国在世界贸易组织和双边贸易投资中发挥更加积极的作用，在 20 国集团中寻找同中国的共同话语。① 不久后发表的名为《共同愿景、共同行动：一个更加强大的欧洲》的欧盟全球战略文件指出，亚洲的和平与稳定是欧盟实现繁荣的先决条件，中国作为重要的区域性力量在维护亚洲和平方面发挥了不可或缺的作用，因此将会与中国加强接触，深化与中国的投资和贸易，并在经济改革、人权和气候变化等领域加强同中国的对话。②

自 2010 年以来，由于受到各种内外压力，欧盟自身的运转面临着诸多困难。特别是 2016 年之后，由于英国通过"脱欧"公投、特朗普当选总统后美国转向奉行"美国优先"政策导致美欧渐行渐远，以及欧盟内部的难民危机加剧、恐怖主义组织袭击增加、右翼民粹主义抬头等影响，欧盟同中国接近的愿望更加迫切。2017 年，中国同欧盟就丝路基金和欧洲投资基金促进共同投资签署了谅解备忘录。同时，诸多欧盟成员国也同中国在"一带一路"框架下签署了谅解备忘录，制订相关港口和铁路建设计划。欧盟主要国家德国、法国等也纷纷表态支持"一带一路"，特别是法国总统马克龙表示在"一带一路"框架下的中法合作具有重要战略意义。③ 在这种背景下，北欧国家对待"一带一路"的态度也更加积极。作为欧盟和北约成员国的丹麦，在对华关系方面一直走在欧洲国家前列。2008 年，丹麦和中国建立全面战略伙伴关系，而丹麦也由此成为唯一一个同中国建立全面战略伙伴关系的北欧

① 房乐宪，关孔文. 欧盟对华新战略要素：政策内涵及态势［J］. 和平与发展，2017（04）：76.
② 中国新闻网. 欧盟委员会副主席：未来将寻求与中国多方面对话［EB/OL］.（2016-07-13）［2020-03-06］. http://www.chinanews.com/gj/2016/07-13/7938326.shtml.
③ 光明网. 欧盟对"一带一路"倡议转向积极参与［EB/OL］.（2018-01-26）［2020-03-07］. http://news.gmw.cn/2018-01/26/content_27458339.htm.

国家。2017 年 5 月，丹麦首相拉斯穆森访华期间，两国共同发表了《中丹联合工作方案（2017—2020）》，将中国"十三五"规划同丹麦的发展战略相融合，以推动两国合作的进一步深入发展。按照这一方案，两国将在减少贫困、经贸、投资和基础设施建设、知识产权保护、跨境银行业务、海洋运输、科学研究、文化教育、医疗卫生、打击跨国犯罪，以及国际维和行动、安全事务和多边外交等领域开展广泛合作，以增强双方政治互信，深化两国全方位战略伙伴关系。[①] 事实上，中国高度重视丹麦在"一带一路"建设中的节点作用，将中丹合作看作推动"一带一路"向北欧延伸的支柱。习近平主席在同拉斯穆森首相的会晤中特别指出，两国应当积极探讨在"一带一路"框架下的合作领域和方式，而拉斯穆森也表示丹麦愿意同中国共同努力，深入挖掘两国在不同领域的合作潜力，推动两国经贸和人文合作再上新台阶，为两国全面战略伙伴关系注入新动力。[②] 在同拉斯穆森的会晤中，李克强总理也表示，中国重视中丹关系在推动中国—欧盟和中国—北欧关系发展方面的重要作用，愿意同丹麦就区域、次区域以及国际和地区问题加强沟通与协调，引导全球经济治理向着更加包容互惠、公正合理的方向发展，促进贸易和投资自由化和便利化，促进繁荣发展，而拉斯穆森也对此积极回应。[③]

[①] 新华网. 中丹联合工作方案（2017—2020）[EB/OL]. (2017-05-04)[2020-03-09]. http://www.xinhuanet.com//world/2017-05/04/c_129587149.htm.

[②] 中国新闻网. 习近平会见丹麦首相：积极探讨在"一带一路"框架内合作领域和方式 [EB/OL]. (2017-05-04)[2020-03-10]. http://www.chinanews.com/gn/2017/05-04/8215892.shtml.

[③] 人民网. 李克强同拉斯穆森会谈时强调：深化中丹全面战略伙伴关系，推动中国—欧盟、中国—北欧国家关系与合作取得新发展 [EB/OL]. (2017-05-04)[2020-03-22]. http://politics.people.com.cn/n1/2017/0504/c1024-29252345.html.

　　同丹麦类似，北欧其他国家也希望借助"一带一路"东风，促进自身经济发展。北欧地区的另一个对华友好国家芬兰，在 2017 年同中国建立了面向未来的新型合作伙伴关系。中芬两国的经济互补性很强，两国也有在经贸领域长期合作的历史。芬兰是第一个同中国签订政府间贸易协定的西方国家，也是同中国在经贸领域联系较为密切的北欧国家。1980 年，芬兰便给予中国最惠国待遇，而两国近年来双边贸易额的增长也极为引人注目。当前，芬兰是中国在北欧的第三大贸易伙伴，而中国已经成为芬兰在亚洲最大的贸易伙伴。2018 年，中芬双边贸易额 78.7 亿美元，同比增长 10.7%。其中，中方出口 30.9 亿美元，同比增长 8.4%；进口额 47.8 亿美元，同比增长 12.3%。截至 2017 年，中国累计对芬兰非金融类投资 2.23 亿美元，芬兰对华投资项目 562 个，实际投入金额 14.1 亿美元。① 对于"一带一路"，芬兰也表现出了极大的兴趣，并希望本国的清洁能源、资源处理等优势产业能够在中国的巨大市场中拥有一席之地。② 2017 年 4 月，习近平主席对芬兰进行了访问，两国元首提出将中国"十三五"规划同芬兰"2025 发展愿景"相对接，并在创新驱动发展、绿色发展、协调发展等领域开展广泛合作。③ 在本次访问期间，两国就在创新、司法和大熊猫研究等领域开展合作，签署了双边协议，并且提出以芬兰担任北极理事会轮值主席国为

① 中华人民共和国外交部网站. 中国同芬兰的关系 [EB/OL]. (2017-07-01) [2020-03-15]. https：//www. fmprc. gov. cn/web/gjhdq_676201/gj_676203/oz_678770/1206_679210/sbgx_679214/.

② 中国日报网. "一带一路"推动中芬建立新型合作关系 [EB/OL]. (2017-04-14) [2020-03-15]. http：//fj. chinadaily. com. cn/2017-04/14/content_28925202. htm.

③ 新华网. 书写中芬友好合作新篇章——记习近平主席对芬兰进行国事访问 [EB/OL]. (2017-04-07) [2020-03-16]. http：//www. xinhuanet. com/world/2017-04/07/c_129526542. htm.

契机，促进两国在北极生态保护和可持续发展领域的合作。①

冰岛、瑞典和挪威也对"一带一路"抱有浓厚兴趣。尽管中国与冰岛距离遥远，但是两国之间在各领域的合作极为紧密，冰岛一直走在中国同欧洲国家合作的前列。特别是在欧洲国家对华关系方面，冰岛创造了多项"第一"，包括第一个承认中国市场经济地位的西欧国家，第一个同中国签署北极合作协议的北极国家，第一个同中国签署自贸协定的欧洲国家。同时，中国也是冰岛在亚洲最大的贸易伙伴和最大游客来源地。冰岛在地热技术、北极开发与保护、渔业产品和旅游业等领域拥有自身优势，而中国也可以发挥自身在基础设施建设和推动互联互通等领域的优势，从而实现双方优势互补。2018 年 9 月，冰岛外交部部长索尔达松访问中国，同中国签署了关于加强地热合作以及加强电子商务合作的谅解备忘录，并且同中方就在"一带一路"框架下拓展经贸、地热、旅游、北极、气候变化等领域的务实合作深入交换了意见。② 尽管两国关系在近年来遇到一些波折，但对于"一带一路"可能带来的巨大机遇，在瑞典和挪威国内很多人还是有清晰的认识的。瑞典安全和发展政策研究所所长、安全及区域合作问题专家施万通就指出，欧盟事实上并没有充分发挥和挖掘"一带一路"的潜力，而造成这种现象的主要原因在于欧盟国家的市场过于分割，并且欧盟由于国家众多而难以形成一种统一的战略。因此，如果将欧盟的大中亚地区战略同"一带一路"相对接，就可以发挥稳定欧洲经济乃至稳定整个欧洲区域的重

---

① 人民网. 外媒关注习近平访问芬兰 中芬合作成果成亮点 [EB/OL]. (2017-04-07) [2020-03-16]. http://politics.people.com.cn/n1/2017/0407/c1001-29195654.html.

② 中华人民共和国驻冰岛大使馆网站. 冰岛外长索尔达松访问中国 [EB/OL]. (2018-09-12) [2020-03-17]. http://is.china-embassy.org/chn/xwdt/t1594212.htm.

大作用。至于中国同北欧国家之间的关系，施万通认为双方有很多尚未充分释放的合作空间。北欧国家在创新、创业、福利社会和城市治理等众多领域可以为中国提供宝贵的经验，而中国在项目开发和投资等领域也可以为北欧提供帮助。为此，施万通认为从短期来讲，中国同北欧国家之间应当致力于为更深入的合作建立基础；从中期来讲，双方应建立连贯机制；从长期来讲，双方应当成为对话和国际协调的中心。① 2017年"一带一路"国际合作高峰论坛在北京召开前夕，瑞典交通部长安娜·约翰森在《瑞典日报》发表文章，指出"一带一路"倡议在全球具有持久性，并且认为瑞典可以凭借全面的知识体系、卓越的创新能力和能够提供高品质建设的公司，同中国在交通运输和数字化方案等领域开展广泛合作。② 挪威在埃尔娜·索尔贝格于2015年担任挪威首相之后，高度重视发展同中国的关系，也重视"一带一路"带给挪威的机遇。③ 2017年4月，索尔贝格首相率挪威史上最大商务代表团对中国进行访问，并同习近平主席、李克强总理等中方领导人会晤。访问期间，两国签署了包括渔业、教育、船舶、能源、海洋等领域在内的13个合作协议，总金额达160亿元。④ 在同习近平主席的会谈中，索尔贝格表

① 人民网. 瑞典专家：欧盟各国和"一带一路"合作空间巨大 [EB/OL]. (2017-04-26) [2020-03-18]. http://world. people. com. cn/n1/2017/0426/c1002-29236396. html.

② 人民网. 瑞典交通部长："一带一路"倡议在全球范围内具有持久性 [EB/OL]. (2017-05-14) [2020-03-19]. http://world. people. com. cn/n1/2017/0514/c1002-29274368. html.

③ 新华网. 综述：挪威期待"一带一路"助推合作再起航 [EB/OL]. (2017-06-14) [2020-03-19]. http://www. xinhuanet. com//world/2017-06/14/c_1121143285. htm.

④ 环球网. 挪威首相索尔贝格破冰访华 现场见证160亿元合作协议签署 [EB/OL]. (2017-04-14) [2020-03-19]. http://world. huanqiu. com/exclusive/2017-04/10444960. html.

示支持中方提出的"一带一路"倡议，愿意拓展两国包括在北极事务在内的各领域的互利合作，而习近平主席也表示中国愿意通过"一带一路"同挪威一起促进欧亚大陆的互联互通，维护并促进北极地区的稳定和可持续发展。①事实上，中国和挪威之间围绕"一带一路"拥有巨大的合作潜力。在所有北欧国家当中，挪威的区位优势是最明显的。在地理上挪威三面临海，海岸线曲折漫长，并且拥有众多优良的港口，对实现欧亚大陆互联互通意义重大。同时，挪威属于高度开放型经济体，行之有效的多边贸易体系是其经济赖以发展的基础，因此在维护多边贸易秩序、反对贸易保护等问题上同中国拥有一致立场。

在"一带一路"向北延伸过程中，除去同沿线国家的双边或多边合作，另一个重要目标则是构建"冰上丝绸之路"，乃至北极命运共同体。2017年，习近平主席在访问俄罗斯时，首次提出了"冰上丝绸之路"这一概念。同年11月俄罗斯总理梅德韦杰夫访华时，习近平主席再次强调要做好"一带一路"同欧亚经济联盟的对接，打造"冰上丝绸之路"。这里的"冰上丝绸之路"是指通过北冰洋通往欧洲的北极航道，它从地理上看是东亚通往欧洲或北美大西洋沿岸的最短航程。这一航道从东北亚出发由东向西跨越太平洋到白令海，经北冰洋南部的楚科奇海、东西伯利亚海、拉普捷夫海、喀拉海、巴伦支海和挪威海直达北欧，主要航段位于北冰洋的南岸海域，即俄罗斯北部沿海地区。② 近年来，随着全球气候的变暖，北冰洋夏季的海冰覆盖范围逐年减少，从而使通航成为可能。2009年，两艘德国货船在没有破冰船的情况下，从

---

① 新华网. 习近平会见挪威首相索尔贝格 [EB/OL]. (2017-04-10) [2020-03-19]. http://www.xinhuanet.com//politics/2017-04/10/c_1120783405.htm.

② 吴大辉. "冰上丝绸之路"："一带一路"的新延伸 [J]. 人民论坛，2018 (09): 48.

韩国蔚山出发穿越北极航道到达荷兰鹿特丹港。2013年，俄罗斯宣布成立"北海航道管理局"，负责向来往北极航道俄罗斯航段的外国船只发放许可。当前，北极航道的通航时间已经延长到从每年7月中旬至12月上旬，而预计到2030年北极航道有可能全年通航。

"冰上丝绸之路"的意义在于，中国可以通过这条航线更便捷地同欧洲进行货物贸易。特别是中美贸易争端的出现，中欧贸易显得更加重要。2019年，欧盟仍然为中国第一大贸易伙伴，当年中国对欧盟出口4.86万亿元，比上一年增长8%，而第二大贸易伙伴则为东盟。① 从传统上来讲，从中国通往欧盟的商船需经过马六甲海峡、印度洋和苏伊士运河等高危险区或政治高敏感区，而北极航道的开辟则避开了这些区域，并且缩短了从中国到欧洲的距离，大大降低了运输成本。在2018年发表的《中国的北极政策》白皮书中，中国指出自身是"北极事务的重要利益攸关方"，是在陆地上接近北极圈的国家之一，强调北极的自然状况及其变化对中国的气候系统和生态环境有着直接的影响，进而关系到中国在农业、林业、渔业、海洋等领域的经济利益。同时，近年来中国在北极地区的活动"已由单纯的科学研究拓展至北极事务的诸多方面，涉及全球治理、区域合作、多边和双边机制等多个层面，涵盖科学研究、生态环境、气候变化、经济开发和人文交流等多个领域"，强调中国愿意在"一带一路"的基础上同各方共建"冰上丝绸之路"，为促进北极地区互联互通和经济可持续发展带来机遇。②

在构建"冰上丝绸之路"的过程中，中国需要协调同俄罗斯以及

---

① 中国新闻网. 海关总署：2019年东盟成为中国第二大贸易伙伴 [EB/OL]. (2020-01-14) [2020-03-19]. http://www.chinanews.com/cj/2020/01-14/9059191.shtml.

② 中华人民共和国中央人民政府网. 中国的北极政策 [EB/OL]. (2018-01-26) [2020-03-19]. http://www.gov.cn/zhengce/2018-01/26/content_5260891.htm.

同北欧国家的关系。就前者而言，在中俄全面战略协作伙伴关系的框架下，两国在北极航道的建设上可以开展广泛合作。对俄罗斯而言，两个关键问题决定了它可以同中国共建"冰上丝绸之路"：一是有助于改善俄罗斯的能源安全以及加强同亚太地区的经济合作；二是中国明确承认并尊重相关国家在北极地区的主权，同时也要求其他国家尊重中国在国际法框架内在北极地区的合理权利，这在本质上同俄罗斯的利益是一致的。对中国而言，在成为北极理事会的正式观察员之后，加强同在北极地区具有举足轻重地位的俄罗斯的合作，也有助于维护自身在这一地区的正当利益，同时为下一步同其他北极地区开展深入合作奠定基础。①从政治和经济角度来讲，中国同北欧国家在北极地区有坚实的合作基础。就政治方面而言，中国明确承认并尊重北欧相关国家在北极地区的各项权利，主张各国依照《联合国宪章》《联合国海洋法公约》以及其他涉及气候变化、环境等领域的国际条约和国际海事组织的有关规则开展在北极地区的治理活动，强调通过全球、区域、多边或双边各种机制应对北极治理中的各种挑战，构建和维护公正、合理、有序的北极治理体系，而这同北欧国家的立场是一致的。从经济角度来看，至少有三个原因推动了中国和北欧国家围绕北极地区开展合作：第一，既有的"一带一路"建设成果已经使沿线国家的互联互通和相互依赖进一步加深，而这构成了既有的共同利益要素；第二，将"一带一路"延伸至北极的倡议可以改变北欧地区在世界经济格局中的边缘化地位，推动北欧国家实现与亚洲特别是东亚的联通，而这对整个欧亚大陆而言都是有益的；第三，尽管北欧国家科技较为发达、经济实力较强，但是由于特

---

① 王志民，陈远航. 中俄打造"冰上丝绸之路"的机遇与挑战 [J]. 东北亚论坛，2018，27（02）：23.

殊的地理位置和气候环境的影响，仅仅依靠这些国家的工业能力、资本实力和科技水平还难以充分实现自身在北极地区的利益诉求，而中国可以在很大程度上同这些国家实现优势互补，弥补单一国家行为能力上的局限性。①

在推动建设"冰上丝绸之路"的进程中，中国倡导构建北极命运共同体理念。在《中国的北极政策》中，中国强调"倡导构建人类命运共同体，是北极事务的积极参与者、建设者和贡献者，努力为北极发展贡献中国智慧和中国力量"。该政策指出通过"认识北极、保护北极、利用北极和参与治理北极"，中国愿意同各国"在北极领域推动构建人类命运共同体"，强调中国在追求自身利益时，"将顾及他国利益和国际社会整体利益，兼顾北极保护与发展，平衡北极当前利益与长远利益，以推动北极的可持续发展"②同这种表述相一致，中国在参与北极治理的过程中秉持正确义利观，坚持互利共赢原则。从"义"的角度来看，北极治理涉及科学考察、气候变化和环境保护等关系到人类共同利益的事务。③ 中国已经成为国际上北极科考的重要力量，在斯瓦尔巴德群岛建立了"黄河"科考站，积极开展关于北极气候和环境变化等问题的考察与研究。另外，中国也尊重北极国家在北极治理中的主导地位，坚持严格依照有关国际条约开展活动，强调北极地区的非军事化，追求同北极域内和域外国家的互利共赢。例如，中国同北欧五国建立了中国—北极研究中心，同俄罗斯开展联合北极科考，并且积极同北

---

① 崔白露，王义桅."一带一路"框架下的北极国际合作：逻辑与模式 [J]. 同济大学学报（社会科学版），2018，29（02）：52.

② 中华人民共和国中央人民政府网. 中国的北极政策 [EB/OL].（2018-01-26）[2020-03-19]. http://www.gov.cn/zhengce/2018-01/26/content_5260891.htm.

③ 丁煌，王晨光. 正确义利观视角下的北极治理和中国参与 [J]. 南京社会科学，2017（05）：61.

极域外国家协调立场、加强合作，以及支持北极原住民的利益诉求。当前，深化对北极地区的探索和认知、保护北极生态环境和应对气候变化，以及依法合理使用北极资源已经成为中国参与北极治理的主要侧重点。中国以"尊重、合作、共赢、可持续"为基本原则，致力于同所有国家一起抓住北极发展机遇，应对北极变化带来的挑战，积极认知北极、保护北极、了解北极、参与北极，在"一带一路"框架下推动"冰上丝绸之路"发展，构建北极命运共同体。

第三章　国际安全合作与"一带一路"

　　"一带一路"在吹响中国新一轮改革开放号角的同时，更意味着长期实施的"走出去"战略已经进入 2.0 时代。[①] 作为一项多边投资倡议，"一带一路"的重点是基础设施建设、贸易自由化与投资便利化，以及在此基础上的经济、社会、人文等领域的合作，安全议题并不是这一倡议的主体内容。"一带一路"不是组建军事同盟，也不是构筑集体安全体系，不会威胁任何国家的安全。但是，在"一带一路"推进的过程中，也会面临各种风险与挑战，对相关国家人员和财产造成严重威胁，制约着各领域合作的深入开展，而这就涉及国家间在诸多安全领域中的合作。

　　同经济领域的合作相比，国家间在安全领域合作的难度往往更大，国家之间往往缺少在安全领域中建立安全合作机制所必需的互信。罗伯特·杰维斯（Robert Jervis）曾比较安全领域和经济领域中的国际机制的建立情况，并提出了安全所具有的四个独特的特点：第一，相较于经济等领域，安全领域包含更大的竞争性。第二，无论国家的安全动机是

---

① 李志永.“走出去”与中国海外利益保护机制研究［M］. 北京：世界知识出版社，2015：1.

进攻性的还是防御性的,其所导致的行为往往是相同的。第三,安全领域包含更大的风险性。第四,明确其他国家正在做的事情以及衡量自身的安全都是十分困难的。① 正是由于这四个因素的存在,导致在安全领域中普遍存在着囚徒困境的状态,而且这种囚徒困境比经济等领域中的囚徒困境更加难以克服。

由于安全领域的特殊性,国家在这一领域建立起相互信任并非易事。从"一带一路"沿线情况来看,其所经国家众多,同中国的关系也各异,在可以预见的时期内,并非所有国家都可以同中国建立起足够的安全互信。国家间的信任可以推动国家间的合作,而合作又反过来可以推动信任的增强,也就是说信任和合作之间是一种相互促进的关系。布赖恩·拉斯本(Brian C. Rathbun)将信任的这一特性称作"互惠循环(Reciprocity Circle)",他认为这种循环推动了国家之间即使在缺乏足够的关于对方的可靠信息的条件下也可以进行合作。拉斯本同时指出了信任的另外一种循环模式,即"共同体循环(Community Circle)",它意味着信任具有"外溢"效应,可以从两个彼此之间进行合作的国家之间延伸到其他国家。② 但是当国家之间缺乏信任的时候,它们只能相互隔离或者只同那些它们能够获得足够的可靠信息或拥有特殊友好关系的国家进行合作,而这就导致了合作的范围是非常有限的。这也就导致当前世界政治中绝大部分安全合作都是以双边而非多边形式开展的,多边安全合作或集体安全体系只局限于某些特定区域。就中国周边环境而言,日本、韩国都同美国是盟友关系,而中国则通过上海合作组织同

---

① Robert Jervis. *Security Regimes* [M] // Stephen D. Krasner. International Regimes. New York: Cornell University Press, 1983: 174-175.

② Brian C. Rathbun. *Trust in International Cooperation* [M]. Cambridge: Cambridge University Press, 2012: 3.

俄罗斯及中亚国家存在一定程度的安全合作。国家选择同特定的他者进行合作是因为它们拥有足够的关于这一他者的可靠信息,而相对更加广泛的"一带一路"沿线而言,由于各国之间信息流动不充分所造成的信息不对称,国家间无论开展双边还是多边安全合作的难度也更大。但是,从另一个角度来讲,建立同"一带一路"发展相适应的,能够对基础设施建设、经贸往来、投资以及人员交流起到"保驾护航"作用的安全机制,对这一倡议的发展而言又是必需的。

第一节 "一带一路"框架下安全合作的必要性

如前所述,安全合作并非"一带一路"建设的核心,而主要是对其他领域的合作起到保护作用。"一带一路"沿线国家众多,很多沿线国都面临来自内部或外部的各类安全威胁。同时,地缘政治风险、国内或国家间冲突、社会动荡、政治不稳定、极端主义、恐怖主义、跨国犯罪、自然灾害等各类传统和非传统安全问题也影响着经济合作的开展,成为在推动"一带一路"时必须加以重视与应对的问题。在"一带一路"推进过程中,依靠现有合作机制或通过建立新合作机制,同沿线国加强在传统和非传统安全领域的单边或多边合作,对各方而言都是双赢的结果。

从风险角度来看,"一带一路"至少面临着如下涉及安全问题的风险:第一,国家间特别是大国竞争有可能是这一倡议推行中最大的不确定性。国家间军事安全风险主要涉及各国在陆地和海上的竞争、分歧与争端,它在特定因素的刺激下有可能演化为直接军事冲突。关于"一带一路",美国的态度总体上趋于消极。从美国角度来看,其政府和智库对这一倡议的三点认识值得关注:一是将"一带一路"看作中国的"马歇尔计划",认为中国旨在运用自身经济力量来实现大国崛起的对外政治目标。二是认为这是中国的"西进"战略,以此来平衡美国在亚太地区的影响力。这种观点认为中国希望通过"一带一路"重塑其陆上强国角色,特别是西进的"丝绸之路经济带"使中国避开美国在亚太地区的主要关注点,保障了中国在成为海洋强国的同时也成为陆上强国。三是认为这是中国的"安抚"政策,因为中国希望借此改善同周边国家的关系。这种观点强调中国一方面在领海主权的问题上采取进攻态势,另一方面又对周边采取"魅力攻势"。① 美国方面对于"一带一路"的消极态度,对这一倡议的推进是不利的。

事实上,早在"一带一路"提出之前,在亚太地区"围堵"中国已经成为美国战略的一部分。在 2010 年 5 月的《国家安全战略报告》中,美国便指出"同盟力量是倍增器,通过多国合作与协调,我们行动的总体效应总是比单独行动的效应大",美国与日本、韩国、澳大利亚、菲律宾和泰国的同盟是"亚洲安全的基石和亚太地区繁荣的一个基础",美国"将继续深化和更新这些同盟"。② 为此,奥巴马政府采取了一系列深化同盟关系的措施,包括与日本合作发展下一代导弹防御系统、与韩国加强反扩散合作、提升菲律宾的海上力量、加强与澳大利亚的安全关系,将网络战纳入美澳共同防御条约,加强美日同盟以共同遏

① 曹筱阳. 中美博弈:"亚太再平衡"与"一带一路"[M]//张洁. 中国周边安全形势评估(2016)——"一带一路":战略对接与安全风险. 北京:社会科学文献出版社,2016:45-46.

② 吴心伯. 美国的亚太战略[M]//周方银. 大国的亚太战略. 北京:社会科学文献出版社,2013:24.

制中国。此外，随着亚太地区国家的群体性崛起，美国也认识到需要同这些新兴经济体保持稳定关系，因而在传统的盟友关系的基础上提出要重视同地区新兴力量发展伙伴关系。例如，时任国务卿的希拉里·克林顿在访问印度时指出，要开启美印关系"3.0版"时代，让印度成为美国的"全球伙伴"。对此，美国做出了两项重要举措：一是明确表态支持印度成为改革后的联合国安理会常任理事国；二是放宽自1998年印度核试验以来对印度的技术出口限制。对于东盟第一大国印度尼西亚，美国希望通过发展同印尼的关系来改善同伊斯兰世界的关系、推动打击东南亚恐怖主义和极端主义、影响东盟的内部发展和对外关系。为此，美国同印尼签署了一系列涉及经济、贸易、投资、科技、能源和环境等领域的协议，加强了同印尼的军事合作，支持印尼在东南亚发挥主导作用。对于越南，美国则同其建立了政治、安全和战略对话机制，美国军舰访问越南港口并同越南举行了联合军事演习，并且公开支持越南在南海问题上的立场，以利用越南达到制衡中国的目标。①

特朗普执政之后，在美国对外关系中刻意强调"美国优先"原则，将维护美国霸权作为对外政策的核心，甚至不惜为此牺牲其他国家的利益，由此导致国家间关系中的不确定性进一步增强。在这一背景下，中美关系也发生了质变。2017年8月，美国宣布对中国启动301调查，并成为后来两国间一系列贸易争端的导火索。2017年12月，美国发布了《国家安全战略报告》，明确将中国定义为"战略竞争对手"和"修正主义国家"；2018年1月，美国国防部发布的《国防战略报告》同样将中国视为"战略竞争者"。从战略上看，在特朗普执政之后，美国将中

---

① 吴心伯. 美国的亚太战略 [M] //周方银. 大国的亚太战略. 北京：社会科学文献出版社，2013：26-28.

国视为最主要的战略竞争对手已成定局,两国关系中对抗性和冲突性的一面突显。在政策层面,美国的对华政策已经从侧重接纳与改变的"接触"转变为"规锁"——弃用现有的国际制度或体系,并以一套更具针对性和更严厉的新规则来"规范"中国行为,以将中国固定在全球价值链的中低端位置。① 这其中的核心原因在于中国在综合实力上的追赶,特别是在高科技领域取得的进步,已经对以美国为首的发达国家构成了"威胁"。同时,尽管这种"规锁"起始于贸易领域,但是绝不会仅仅局限在这一领域,美国将其蔓延到政治、安全、意识形态等各领域是必然的。

尽管美国并不是"一带一路"的主要节点国家,但其对"一带一路"的打压也会影响其他国家的态度,从而增加其他国家参与"一带一路"的顾虑。从 2012 年以后,美国就不断要求东南亚国家在中美两国之间"选边站",拉拢部分东南亚国家对抗中国。在加入亚洲基础设施投资银行的问题上,美国也不断对其盟友施压,阻碍盟友同中国的正当合作。随着中美战略竞争态势的加剧,美国对中国的打压也进一步升级。在经济上,特朗普始终将中国看作美国经济最大的挑战,认为美国在中国加入 WTO 的问题上对华"让步"太多,而且正是中国商品的大量出口导致了美国人的失业和美国制造业的衰落。在安全认知上,特朗普政府也趋于保守。其前任奥巴马政府的《国家安全报告》对于安全问题的认知是多元化的,涵盖了人口和社会变迁、信息快速传播、传染病、武器和毒品问题、难民问题等,而特朗普对安全的认知则极为单一,认为美国所面临的安全威胁就是大国之间的权力竞争。在 2017 年

---

① 张宇燕. 世界格局在 2018 年的多重变奏［M］//张宇燕. 全球政治与安全报告（2019）. 北京：社会科学文献出版社，2019：2.

发表的特朗普政府的第一份《国家安全战略报告》中，中俄两国被看作挑战美国实力、侵蚀美国安全和繁荣的"罪魁祸首"，并且中国对美国的威胁程度要大于俄罗斯。美国国防部于 2018 年 1 月发表的《国防战略》则延续了这一传统，认为中国利用经济优势来威胁邻国，并且在中国南海进行军事化。中美关系的质变无疑大大加剧了"一带一路"所面临的外部环境的不确定性。

第二，地区性的安全风险同样是不可忽视的。同大国竞争不同，地区性风险可能是国家间摩擦或冲突，也可能是恐怖主义或跨国犯罪等非传统安全威胁。"一带一路"途经诸多国家，这些国家的国内政治局势各不相同，有些国家之间存在着地缘政治纠纷，有些地区本身也是冲突热点地区，而这些都对"一带一路"构成了威胁。各种极端组织也会对"一带一路"造成严重威胁，特别是很多极端组织长期同本国政府军或美英等国的军队作战，积累了大量实战经验，其破坏性不容忽视。总体上看，由于两个原因，各种极端势力可能对"一带一路"的顺利发展构成重大阻碍。第一，"一带一路"追求实现地区富裕和财富共享，而各种极端组织则以打击现存政权、掌握国家权力为目标，两者间的冲突是不言而喻的。"一带一路"推进过程中，需要加强同各国中央和地方政府的合作，而极端组织则将政府视作敌人，因而很有可能同时打击"一带一路"。第二，"一带一路"的发展对极端势力的生存本身不利。"一带一路"追求地区共同发展与繁荣，推动沿线国彼此之间的相互了解与包容，因而有助于缓解地区紧张局势。但是对极端势力而言，地区局势的缓解不利于其发展壮大，因而这些势力可能将"一带一路"作为打击目标。[1]

---

① 王义桅. "一带一路"：机遇与挑战 [M]. 北京：人民出版社，2015：113.

除去极端主义，跨国犯罪等因素也对"一带一路"构成了挑战。2011 年 10 月发生的"湄公河惨案"造成中方重大人员和财产损失，这一事件虽然发生在"一带一路"提出之前，但由于这一地区也是"一带一路"途经地区，因而也为"一带一路"敲响了地区安全警钟。事实上，湄公河水域一直受到非法武装袭击等问题的困扰。早在"湄公河惨案"发生前的 2011 年 8 月，就发生了游客在金三角水域遭遇抢劫的事件。在"湄公河惨案"发生后，这一地区又发生多起袭击事件，主要对象均为中国商船。除陆上航行安全之外，海上航行安全也是值得关注的问题。21 世纪"海上丝绸之路"途经世界诸多著名海峡，存在着巨大的海上安全风险，其中以海盗问题最为突出。由于海盗问题的特殊性，往往需要多个国家共同合作方能应对。中国和欧洲国家在索马里地区共同开展反海盗行动为解决这一问题提供了个案，但未来仍需要在不同地区加强国家间的合作。

另一类值得关注，但经常被忽略的安全威胁是自然环境威胁。环境恶化、传染病、自然灾害等问题都可以造成较大的人员和财务损失，成为"一带一路"的潜在威胁因素。特别是"一带一路"沿线途经广袤的欧亚大陆，自然条件复杂多样，很多国家又属于欠发达国家，缺乏有效应对自然灾害的能力。一旦自然灾害发生，一方面会影响"一带一路"工程的进度和施工人员的安全，另一方面也会影响竣工后的运行和维护。这些灾害多属于不可抗力造成的，事前难以预测，甚至是没有任何征兆，只能通过各方加强监测、强化预警机制和信息分享来预防。除去不可抗力造成的自然灾害，"一带一路"本身也要考虑到沿线国家环境的脆弱性和承受能力。由于沿线很多发展中国家社会治理水平较低，缺乏环境治理的能力和技术，因此环境一旦遭到破坏就难以恢复。

另外，环境问题还可能造成地缘政治风险，例如，东南亚一些流经多国的河流一旦遭到污染，就可能导致跨国纠纷。这不仅仅影响环境，而且会导致当事国之间产生矛盾甚至是冲突，影响"一带一路"国家内部团结。①

第三，"一带一路"还需要考虑沿线国国内安全风险问题。由于"一带一路"沿线以发展中国家为主，各国经济发展水平和社会治理能力差距巨大，部分国家国内也存在着民族宗教矛盾、反政府武装、社会内部动荡等问题，对"一带一路"构成了挑战。例如，中缅石油管道建设是澜沧江—湄公河次区域能源合作的重要内容，但该管道受到缅甸国内政治不稳定的影响。缅甸国内各种民族、宗教问题交织，反政府武装力量同政府军之间的冲突此起彼伏，而该管道所经过的缅北地区又正是政府军同地方武装力量的冲突多发区。② 一旦缅甸国内冲突爆发，势必对该管道的建设产生重大威胁。再如"一带一路"途经的一些非洲国家长期处于贫困和战乱之中，这就导致宗教极端主义在这些国家日渐抬头。由于国家控制能力不够，各种政治势力在这些国家都以宗教名义扩大自身力量，恶化了这些国家的国内安全环境。③

以上这些安全风险表明，"一带一路"推进过程中需要加强同各方的安全合作，构建安全合作机制。由于"一带一路"项目多为基础设施建设，投资大，建设周期长，维护难度大，因而对于安全环境的要求就更加突出。一旦一个项目由于某种安全威胁而导致停工甚至彻底放弃，其所造成的损失对各方而言都是难以承担的。大国竞争、传统和非

① 王义桅."一带一路"：机遇与挑战 [M]. 北京：人民出版社，2015：111.
② 卢光盛，张励. 澜沧江—湄公河合作机制与跨境安全治理 [J]. 南洋问题研究，2016（03）：16.
③ 王义桅."一带一路"：机遇与挑战 [M]. 北京：人民出版社，2015：103-104.

传统安全威胁、国内矛盾与冲突等都可能成为"一带一路"建设的阻碍，某些国家和非国家势力也会出于自身目的，刻意曲解"一带一路"的目标，导致沿线国民众对"一带一路"产生误解甚至抵制。克服这些阻碍则有赖于各国间的安全合作，构筑起良好的合作平台以保障"一带一路"推进。

第二节 "一带一路"背景下国际安全合作的实现路径

综上所述，尽管安全议题并非"一带一路"的核心，但可以对"一带一路"的深入发展起到保驾护航的作用。"一带一路"所经国家和地区众多，各地政治、经济、文化、社会等方面差异巨大，很多地区面临着各种各样的传统或非传统安全威胁。部分沿线国家之间存在着地缘政治纠纷，部分国家国内存在着反政府组织，部分国家面临着恐怖主义威胁，部分国家则存在政府软弱、社会治理能力不足、国内政治动荡、安全形势不佳等问题，这些都成为"一带一路"推进过程中必须予以重视的问题。

对"一带一路"而言，可以利用的安全合作形式有两种：一是利用现有的各种安全合作机制；二是创新安全合作形式。就前者而言，"一带一路"途经地区已经存在着诸多地区安全合作机制，开展同这些机制的对话与合作有助于保障"一带一路"的顺利推进，提高"一带一路"的安全系数。就后者而言，"一带一路"并不以建立正式安全合作机制为目标，而是应当以构建人类命运共同体的理念为基础，深化国家间安全互信，增进中国同相关国家的友谊，消除相关国家对"一带一路"的顾虑。正如习近平主席所指出的,构建人类命运共同体,就需要营造"公道正义、共建共享的安全格局",抛弃弱肉强食的丛林法则和穷兵黩武的霸道做法,摒弃冷战思维,推动经济和社会领域的国际合作,统筹应对传统和非传统安全威胁。①

在现有的诸多安全合作机制当中,东盟、东亚峰会、上海合作组织和亚信会议是"一带一路"可以着重借助的。这些机制主要集中于中国周边地区,而中国本身就是这些机制的成员或对话伙伴,因而可以发挥增进中国和相关国家安全互信的纽带作用。从地域上讲,这些处于中国周边的安全合作机制还是中国周边外交所涵盖的领域,同这些机制建立良好关系可以促进中国周边地区的安全与稳定。党的十八大之后,中国周边外交的基本方针是坚持与邻为善、以邻为伴的原则,坚持睦邻、安邻和富邻,突出体现亲、诚、惠、容的理念。② 这是对多年以来中国周边外交实践的精准概括,也是中国在新的内部和外部环境中继续坚持走和平发展道路的充分体现。具体而言,亲是指要坚持睦邻友好、守望相助,讲平等、重感情、常见面、多走动,多做得人心、暖人心的事,使周边国家对我们更友善、更亲近、更认同、更支持。诚则是要坚持以诚待人、以信取人的相处之道,诚心诚意对待周边国家,争取更多的朋友和伙伴。惠意味着履行惠及周边、互利共赢的合作理念,本着互惠互利的原则同周边国家开展合作,编制更加紧密的共同利益网络。容则是要展现开放包容、求同存异的大国胸怀,倡导包容思想,强调各国共同

---

① 习近平. 论坚持推动构建人类命运共同体 [M]. 北京:中央文献出版社,2018:254-255.

② 习近平. 论坚持推动构建人类命运共同体 [M]. 北京:中央文献出版社,2018:65.

发展，以更加开放的胸襟和更加积极的态度促进地区合作。①正是在这一理念的基础上，中国积极参与周边各种安全合作机制，努力同周边国家构筑安全互信，为"一带一路"顺利开展提供坚实的安全基础。

关于中国对待地区安全问题的具体政策，在2017年发表的《中国的亚太安全合作政策》白皮书中有明确的阐述。中国致力于维护亚太地区的和平与稳定，坚持走和平发展道路，坚持互利共赢战略，全面参与区域合作，努力同各国一起构筑和平、稳定、繁荣的亚太地区。具体而言，中国的思路集中在六方面：第一，促进共同发展，夯实亚太和平稳定的经济基础。也就是将扩大经济利益作为融合国家间关系的重要基础，将实现共同发展作为维护和平稳定的根本保障，加快经济一体化进程，继续推进自贸区建设和互联互通，促进经济社会全面发展。第二，推进伙伴关系建设，筑牢亚太和平稳定的政治根基。这就要求亚太大国应客观理性地看待他方战略意图，抛弃冷战思维，相互尊重正当合理的利益关切，加强良性互动，合作应对地区挑战，中小国家既没有必要也不应在大国之间选边站队。地区国家应共同努力，走"对话而不对抗，结伴而不结盟"的新路，共建互信、包容、合作、共赢的亚太伙伴关系。第三，完善现有地区多边机制，巩固亚太和平稳定的框架支撑。也就是在本地区倡导多边主义，反对单边主义，继续支持地区多边安全机制发展，推动相关机制密切协调配合，为增进相互理解与互信、扩大安全对话与合作发挥更大作用。第四，推动规则建设，完善亚太和平稳定的制度保障。也就是在国家之间要秉持法治精神，遵守以《联合国宪章》宗旨和原则为基础的国际关系准则，以普遍接受、公正合理的规

---

① 中共中央宣传部. 习近平总书记系列重要讲话读本 [M]. 北京：学习出版社，2014：152.

则为保障。国际和地区规则应由各国共商、共建、共享，不能由哪一个国家说了算，不能把个别国家的规则当作"国际规则"，更不允许个别国家打着所谓"法治"的幌子侵犯别国合法权益。第五，密切军事交流合作，增强亚太和平稳定的保障力量。也就是要全方位开展对外军事交往，发展不结盟、不对抗、不针对第三方的军事合作关系，推动建立公平有效的集体安全机制和军事互信机制。第六，妥善处理分歧矛盾，维护亚太和平稳定的良好环境。也就是在地区国家间要秉持相互尊重、求同存异、和平共处的传统，通过直接谈判与协商妥善处理争议问题，不让老问题损害地区发展与合作，破坏国家间互信。对于领土和海洋权益争议，应在尊重历史事实的基础上，根据公认的国际法和现代海洋法，以《联合国海洋法公约》所确定的基本原则和法律制度，通过直接相关的主权国家间的对话谈判寻求和平解决。① 在此基础上，中国致力于同各国一道维护亚太地区的长治久安，构筑符合地区实际和各方需求的安全架构，构建面向未来的亚太命运共同体。

以"亲诚惠容"理念为基础，以维护亚太地区的和平稳定与长治久安，构筑亚太命运共同体为目标，中国开展了同现有地区安全机制的多方位对话与合作。中国积极借助东盟的各种机制开展同东南亚国家的对话与协商，妥善处理同相关国家的分歧，推动同东南亚国家关系健康发展。早在 2010 年，中国就同日本、韩国、美国、俄罗斯、印度等国家一起参加了第一次东盟防长扩大会议。作为东盟的对话伙伴国，时任国防部部长梁光烈在会上提出了四点主张：第一，各国应增加相互理解

---

① 中华人民共和国国防部网站. 中国的亚太安全合作政策（全文）[EB/OL]. (2017-01-11) [2020-03-27]. http：//www. mod. gov. cn/regulatory/2017-01/11/content _4769725. htm.

与信任，夯实地区安全合作的政治基础；第二，加强非传统安全领域合作，携手应对地区安全的现实课题；第三，构建合理的安全机制，筑牢地区安全合作的平台；第四，稳步推进务实合作，把握地区安全合作的方向。同时，他希望东盟防长扩大会议机制的建立可以为加强东盟国家同对话伙伴国之间在安全和防务领域的合作，以及促进地区的和平与稳定提供新的平台，表示中国对地区安全合作持积极开放的态度，支持东盟在这一机制中发挥主导作用。①

按照东盟各国的设想，东盟防长扩大会议将被建设成为本地区国家开展防务和安全合作的有效平台。其主要功能是拓展各国防务机构之间的对话交流，通过协调各国开展具体的防务合作来维护和增进各国的安全利益，以及推动各国在有助于维护地区和平与安全的领域中相互协调、加强合作，以维护本地区的安全和稳定。中国作为这一机制的对话伙伴国，尊重东盟在该机制内的主导性作用，主张国家之间应遵循和平、发展、合作、共赢原则，增进相互了解和信任，共同维护地区乃至世界的和平与稳定，促进共同繁荣。在 2017 年举行的第四届会议上，中国国务委员兼国防部部长常万全指出，中国将坚定不移地走和平发展的道路，致力于构建人类命运共同体。他主张各国应当超越零和思维，通过对话协商来规避和管控风险，妥善处理争议和热点敏感问题。② 在 2018 年举行的第五届会议上，中国国务委员兼国防部部长魏凤和则指出，习近平主席提出的构建人类命运共同体、亚太命运共同体理念为破

---

① 人民网. 梁光烈在东盟防长扩大会上强调各国加强互信协作［EB/OL］. (2010-10-12) ［2020-03-28］. http：//military. people. com. cn/GB/1076/115150/12932944. html.

② 中华人民共和国中央人民政府网站. 第四届东盟防长扩大会议举行［EB/OL］. (2017-10-24) ［2020-03-29］. http：//www. gov. cn/xinwen/2017-10/24/content_5234216. htm.

解国际关系中的"安全困境",维护亚太地区乃至世界的和平与稳定提供了崭新思路。他同时强调,中国愿同各方一道,深化沟通交流,积累互信共识,共同扭紧地区稳定的"安全阀"。① 在参与东盟防长扩大会议的进程中,中国始终坚持贯彻"亲、诚、惠、容"的周边外交理念,以构筑政治互信和安全互信为目标,致力于通过对话、谈判等途径妥善解决同相关国家的分歧,维护地区和平稳定。中国也尊重东盟独立发展、反对外部大国干涉和控制的愿望,尊重东盟的主导性角色,不把自身意志强加给其他国家,坚持平等待人。在第五届会议上,除出席大会之外,魏凤和还同美国、新加坡、日本、韩国、澳大利亚、新西兰、老挝、泰国等国代表举行了会晤,就双边军事关系等问题进行了深入交流。

但是,作为由本地区的中小国家所主导的一种多边安全对话机制,尽管东盟防长扩大会议在推动东盟国家之间以及东盟国家同外部国家之间的安全合作方面发挥了一定的作用,但又具有很大的局限性。这种局限性体现在两方面:第一,东盟防长扩大会议的总体作用比较有限,并没有很好地解决东盟国家之间存在的某些安全问题。事实上,东盟国家之间由于历史和现实等种种原因,其关系并非外界所想象的那样稳定,而是存在着各种矛盾和纷争。例如,马来西亚和新加坡之间由于水资源等问题关系紧张,马来西亚和菲律宾之间也存在着尚未解决的领土纠纷,泰国和马来西亚之间的防务合作也经常被一些棘手的问题所牵

① 中华人民共和国国防部网站. 第五届东盟防长扩大会议在新加坡举行 [EB/OL].
(2018-10-20) [2020-03-29]. http://www. mod. gov. cn/shouye/2018-10/20/
content_4827165. htm.

绊。① 第二,域外大国的强势介入使得东盟防长扩大会议有可能沦为大国博弈的工具。如上所述,在 2015 年第二届会议中,美日等国企图就南海问题向中国发难,从而将东盟防长会议作为攻击中国的平台。在本次会议之前,美国和日本就为将"航行自由的重要性"加入最终的宣言而积极奔走,而这自然遭到了中国的反对。② 对中国而言,尽管东盟防长扩大会议并不是唯一可以借助的地区安全合作机制,但对这一机制的参与仍具有两方面的意义:第一,在中国国力持续增强的背景之下,中国的国防政策和地区安全关切迫切需要得到本地区其他国家的理解,中国也需要借助一些平台阐述自身对于安全问题的理解和设想,如海上航行自由问题和新安全观等。③ 在历次东盟防长扩大会议上,中国都积极阐述自身在安全问题上的原则和立场,并争取其他国家的理解和认可,而这也取得了一些效果。第二,东盟防长扩大会议可以为中国同本地区内外的其他大国进行交流和沟通提供平台。在历届东盟防长扩大会议上,中国同美国、日本、俄罗斯和印度等国的防务官员均有交流,而这就促进了中国对于自身安全利益的宣示。

东盟防长扩大会议有助于促进"一带一路"的海上安全,为"21世纪海上丝绸之路"营造良好的安全环境,而另一个对中国而言更重要也更具现实意义的国际组织"上海合作组织"则可以维护陆上"丝绸之路"安全,为"丝绸之路经济带"保驾护航。上海合作组织的前身是"上海五国"会晤机制。1996 年 4 月,中国、俄罗斯、哈萨克斯

① 戴维·凯皮. 结构、动荡和范式变化——东亚防务外交近期的兴起 [J],许丽丽,译. 南洋资料译丛,2014 (02):7.

② 环球网. 东盟防长扩大会议联合宣言草案写入"航行自由" [EB/OL]. (2015-10-29) [2017-02-08]. http://world. huanqiu. com/hot/2015-10/7867212. html.

③ 周士新. 中国安全外交与地区多边机制 [J]. 国际安全研究,2014,32 (06):91.

坦、吉尔吉斯斯坦和塔吉克斯坦五个国家的元首在上海举行会晤,宣告了"上海五国"会晤机制的正式成立。成立这一会晤机制的主要目的在于加强各国间的协调,以应对冷战后新的地区安全形势。它的成立符合冷战结束后人类要求和平与发展的历史潮流,也展现了拥有不同文明背景和文化差异的各个国家通过相互尊重、相互信任实现和平共处、团结合作的巨大潜力。五个国家的元首分别于1996年和1997年在中国上海和俄罗斯首都莫斯科签署了关于在边境地区加强国防安全信任以及在边境地区相互裁减武装力量的条约,为维护地区乃至全世界的和平、安全和稳定做出了重要的贡献,在国际社会产生了广泛的积极影响。

在2001年6月举行的第六次首脑会议上,乌兹别克斯坦正式加入该组织,至此"上海五国"扩员为六个国家,上海合作组织正式形成。这次会议发表了《上海合作组织成立宣言》,指出该组织的宗旨在于"加强各成员国之间的相互信任与睦邻友好;鼓励各成员国在政治、经贸、科技、文化、教育、能源、交通、环保及其他领域的有效合作;共同致力于维护和保障地区的和平、安全与稳定;建立民主、公正、合理的国际政治经济新秩序",并且提出了以"互利、互信、平等、协商、尊重多样文明、谋求共同发展"为核心的"上海精神"。① 上海合作组织的成员国奉行不结盟原则,不针对任何其他国家或地区,愿意在平等的基础上同其他国家和国际组织进行沟通和对话,也随时愿意吸收认同该组织的原则和价值观的新成员加入。上海合作组织也有利于其成员国就各种地区和国际事务加强磋商协调以及采取一致行动,有助于推动成员国在重大的国际和地区问题上相互支持和相互合作,也有助于本地区

---

① 中国网."上海合作组织"成立宣言[EN/OL]. (2002-11-29)[2020-03-30]. htp://www. china. com. cn/zhuanti2005/txt/2002-11/29/content_5239508. htm.

乃至全世界的和平与稳定。本次会议上各国首脑还签署了《打击恐怖主义、分离主义和极端主义上海公约》，该公约指出各国"认识到恐怖主义、分裂主义和极端主义对国际和平与安全、发展国家间友好关系和实现人的基本权利和自由构成威胁"，也对"各方的领土完整和国家安全以及政治、经济和社会稳定构成严重威胁"，提出各国"应采取必要措施，包括适当时制定国内立法"，以共同打击恐怖主义、分裂主义和极端主义。①

从上海合作组织成立至今，尽管国际环境发生了很大的变化，但是这一组织始终致力于维护地区和平与稳定，联合各国共同打击"三股势力"，在增进成员国之间的互信、维护成员国安全以及推动成员国共同发展和共同繁荣方面发挥了重要的作用。上海合作组织已经建立起了涵盖不同层次、涉及众多问题领域的比较完善的组织机构，拥有多个级别的对话机制，并拥有上合组织秘书处和地区反恐机构两个常设机构，以保障组织的正常运转。在2011年上合组织成立十周年之际，各国发表了《上海合作组织十周年阿斯塔纳宣言》，标志着该组织的发展进入了一个新的阶段。宣言表示，上海合作组织在打击恐怖主义、分裂主义、极端主义、非法贩运毒品和武器、跨国有组织犯罪等安全领域内开展了卓有成效的合作；通过了旨在促进成员国社会经济发展的长期经贸合作纲要和实施计划；促进了人文合作，加深了各国人民之间的沟通和不同文明之间的对话。②2015年的乌法峰会则是上海合作组织发展的另

---

① 中国人大网. 打击恐怖主义、分离主义和极端主义上海公约［EB/OL］.（2001-12-12）［2020-03-30］. http：//www. npc. gov. cn/wxzl/wxzl/2001-12/12/content_281315. htm.

② 中华人民共和国国防部网站. 上海合作组织十周年阿斯塔纳宣言［EB/OL］.（2011-06-16）［2020-03-31］. http：//www. mod. gov. cn/gflt/2011-06/16/content_4246933. htm.

外一个里程碑，本次峰会提出了《上合组织至 2025 年发展战略》，为该组织未来 10 年的发展指明了方向。根据这一战略，上合组织未来的主要任务是巩固成员国之间的相互信任和睦邻友好，维护地区安全，应对各种安全威胁和挑战，深化经济、贸易、投资、科技、卫生、人文等各领域的合作，提升上合组织的影响力，加强它同联合国等国际组织的合作。① 在 2017 年举行的上海合作组织成员国元首理事会第十七届会议上，印度和巴基斯坦正式成为该组织成员，从而实现了上合组织自成立以来的首次扩员。中国国家主席习近平在本次会议上指出，各国应当进一步深化务实合作，中国和有关各方正在积极推动"一带一路"同欧亚经济联盟等区域合作倡议以及哈萨克斯坦"光明之路"等发展战略对接，而上合组织可以为此发挥重要的平台作用。他同时强调，各方要加强政治互信，加大相互支持，构建平等相待、守望相助、休戚与共、安危共担的命运共同体。② 在这次会议上，各方也一致表示愿意围绕"一带一路"加强合作，积极落实前期达成的"一带一路"建设项目。

同其他地区类合作机制相比，中国在上合组织中具有两个优势：第一，中国是上合组织正式成员和创始会员国，也是上合组织开发银行等机构的主要发起国，在这一组织中拥有较大话语权。当然，中国并不希望借助自身在这一组织中的话语权，为本国谋求比其他成员国更多的利益，也不会打压其他成员国。但是，这种话语权可以保障中国所提出的

---

① 新华网. 国际观察：上合组织乌法峰会四大亮点 [EB/OL]. (2015-07-11) [2020-03-31]. http：//news. xinhuanet. com/world/2015/07/11/c_1115891514. htm

② 新华网. 习近平出席上海合作组织成员国元首理事会第十七次会议并发表重要讲话 [EB/OL]. (2017-06-10) [2020-04-01]. http：//www. xinhuanet. com//world/2017-06/10/c_1121118828. htm

倡议得到更强有力的支持；第二，中国同上合组织成员国之间的经济具有较强的互补性，也具有更多共同利益。这一组织成立的初衷便是为了防范"三股势力"，而这也是中国同其他成员国所面临的共同安全威胁。同时，中国经济同以能源出口为主的俄罗斯和中亚国家的经济之间具有较强的互补性，双方经济合作潜力巨大。在国际和地区事务中，由于具有共同政治、经济和安全利益，中国同其他成员国也相互支持，共同维护地区和平稳定。"一带一路"的提出为中国同上合组织其他成员国之间的合作增添了新的动力，在中亚地区，"一带一路"相关的重大项目主要同上合组织成员国相关。各国在推动贸易和投资便利化、开展基础设施建设、促进产能合作等方面都取得了显著进展，上合组织成员国之间的互联互通也进一步增强。

但是，在上合组织内部，中国仍然需要协调好同俄罗斯之间的关系。事实上，俄罗斯对"一带一路"并非完全没有顾虑，特别是随着这一倡议的持续推进，中国同中亚国家之间的经济联系不断加深，而俄罗斯所倡导的欧亚经济联盟则进展缓慢，这就更容易引发俄罗斯对"一带一路"深入中亚腹地的不安。对于俄罗斯而言，对于"一带一路"的担忧集中于三方面：第一，担心中国对中亚国家影响力的增长会消解俄罗斯在这一地区的传统主导地位。近年来，中国同中亚国家的贸易额大幅度增长，中国企业拥有哈萨克斯坦近1/4的石油产业，对华出口占土库曼斯坦天然气出口的一半以上，中国进出口银行还是塔吉克斯坦和吉尔吉斯斯坦两国政府最大的债权人。中国还通过举办"中国—中亚合作论坛"等方式，增进同中亚国家之间的沟通，加强双方经贸等领域的联系与合作。尽管中国同中亚国家开展能源和经贸等领域的合作并不是针对俄罗斯，更无意同俄罗斯争夺"势力范围"，但中国影响力的增大也会客观上增加俄罗斯的疑虑。不过，从近年数据来看，受到世界经济整体下行压力较大和自身经济发展模式转型升级等因素影响，进入"新常态"发展的中国同中亚国家的贸易额呈现下降趋势，并且同俄罗斯的贸易情况总体上要好于同中亚国家的贸易情况，而这在一定程度上有助于打消俄罗斯的顾虑。① 第二，俄罗斯认为中国经济的崛起会改变地区地缘政治秩序，从而威胁俄罗斯在中亚地区的传统主导地位。这种观点认为中国已经在经济领域取得了决定性的优势地位，而且中国也会不断寻找机会将自身的经济优势转化为地缘政治优势。在俄国内，也有担心中国崛起而挑战现有国际秩序的论调长期存在。第三，俄罗斯国内存在着关于"一带一路"建设会在经济上将俄罗斯边缘化的担忧。持这种观点的人认为，"一带一路"建设可能使俄罗斯的跨境运输优势受到挑战，动摇俄罗斯的太平洋港口和跨西伯利亚大铁路作为唯一可以替代从亚洲经苏伊士运河至欧洲的海路的陆上路线的地位。② "一带一路"中的"丝绸之路经济带"途经哈萨克斯坦、阿塞拜疆和格鲁吉亚等地，而没有经过俄罗斯，这在未来可能改变欧亚大陆的经济运输和物流的版图。但是，这种观点恰恰忽视了作为"一带一路"六大经济走廊之一的中蒙俄经济走廊，而该走廊大部分路段就位于俄境内。同取道哈萨克斯坦等地的中国—中亚—西亚经济走廊相比，中蒙俄经济走廊所经国家较少，地缘政治风险更低，其优势地位是其他经济走廊难以取代的。对俄罗斯而言，担心"一带一路"将自身在经济上边缘化是不必要的，反而应当搭上"一带一路"的"顺风车"。随着各国经济

① 胡晓鹏等."一带一路"倡议与大国合作新发展［M］.上海：上海社会科学出版社，2018：75.

② 胡晓鹏等."一带一路"倡议与大国合作新发展［M］.上海：上海社会科学出版社，2018：76.

往来的不断深化,连接中国和欧亚大陆西部的交通网络无法满足不断增长的贸易需求,而俄罗斯恰恰可以通过参与"一带一路"突出其作为重要物资运输过境国的地位,并借此机会对相关交通基础设施进行升级改造。

在"一带一路"海陆双线推进过程中,另一个可以借助的地区安全合作机制是亚洲相互协作与信任措施会议,即亚信会议(Conference on Interaction and Confidence-building Measures in Asia,CICA)。这也是一个由多个国家组成的论坛,当前共有 26 个成员国,涵盖了东北亚、东南亚、中亚、西亚、南亚等地区。这一论坛的主要宗旨是增进国家间的合作以促进亚洲地区的和平、安全和稳定,该论坛认为亚太地区的安全与稳定是同世界其他地区的安全与稳定密不可分的。亚信会议的成员国认为亚洲地区的和平与安全是可以通过对话和合作来取得的,而这些对话和合作则推动了亚洲各个国家的和平、自由和繁荣以及各国人民之间的友好关系。①

成立亚信峰会的提议始于 1992 年,当时哈萨克斯坦共和国刚刚从苏联独立出来,该国总统纳扎尔巴耶夫在当年 10 月举行的第 47 届联合国大会上提出了关于建立一个全亚洲范围的地区性安全合作组织的倡议,以推动各国专家学者以及领导人共同商讨亚洲地区的和平与安全问题,促进亚洲各国之间的对话、交流和沟通,从而推动各国就地区乃至全球问题达成共识。从纳扎尔巴耶夫后来的一系列讲话和声明来看,建立亚信峰会主要是基于亚洲地区所特有的安全环境。具体而言,亚洲地区是一个多民族聚居、多种文明交汇的地区,也是世界上各类矛盾和冲

---

① 参见亚信会议官网. [EB/OL]. (2020-04-02)[2020-04-02]. http://www.s-cica.org/page.php?lang=1

突最为集中的地区。由于亚洲地区特殊的历史等因素的作用，这些矛盾和冲突长期存在，并且有时候会出现失控的危险，从而极大地影响了本地区各个国家的安全和稳定。他认为亚洲各国可以参考欧洲国家从"二战"时期相互敌视的阴影当中走出来的经验，通过建立诸如欧洲安全与合作组织这样的多边安全合作机制来实现共同安全的目标。① 纳扎尔巴耶夫的提议得到了很多亚洲国家领导人的赞同，于是在 1993 年召开了第一次专家组织会议，这标志着在"亚信会议"框架下的亚洲国家多边安全对话的启动。从 1992 年至 1996 年年初，各国主要就建立亚洲范围内各国之间的多边安全对话机制进行准备，并且组织各国的专家学者以及政府官员召开了多次研讨会，就亚洲地区有待解决的安全问题以及实现亚洲各国共同安全的途径等问题进行了深入探讨，初步制定了亚洲安全合作的目标。1999 年，参会各国签署了《亚信成员国相互关系指导原则宣言》。按照这一《宣言》，亚信成员国将在主权平等原则以及《联合国宪章》的宗旨和原则的基础上开展对话与合作。在《联合国宪章》以及和平共处五项原则等指导性原则的基础之上，各成员国将加强相互之间的理解并且建立更加紧密的关系，以增进亚洲地区的和平、安全与稳定。《宣言》指出，各国应当和平解决各种冲突和争端，强调亚洲各国所具有的多种多样的历史传统、文化和价值观并不是导致冲突的原因，而是增进国家之间的相互交往的有利因素，并且号召各国应当相互包容，将对话作为避免威胁、增进不同文明之间的合作和

---

① 人民网. 亚信会议的发展历程、特点与时代意义 [EB/OL]. (2014-05-13) [2020-04-04]. http://world. people. com. cn/n/2014/0513/c1002-25011633. html.

交流的重要工具。① 2002 年 6 月，各国领导人发表了《阿拉木图宣言》，提出各成员国将携手努力以确保亚洲地区的和平与安全，将亚洲建设成为对话和合作的地区。各国表示将在亚洲地区建立共同的和不可分割的安全合作机制，以确保各国的和平共处以及各国人民的文明、自由和繁荣，并且强调各个国家之间的和平、安全和发展是一种相互补充、相互协调和相互增强的关系。② 此后，首脑级会议作为亚信会议的一个组成部分被确定下来。

建立亚信会议源于亚洲各个国家谋求和平、安全与稳定的实际需求。冷战结束之后，亚洲地区的安全形势脆弱多变，传统安全威胁和非传统安全威胁相互交织。本地区长期存在的一些安全问题，如阿以问题、印巴问题、朝鲜半岛问题等并没有得到很好的解决，同时这一地区也成为恐怖主义等非传统安全威胁较为严峻的区域。此外，亚洲地区也是冷战之后军费开支增长最为显著的地区，21 世纪以来亚洲地区集中了全世界最新的军事装备以及最多数量的军事演习。面对本地区安全形势的不确定性，亚洲各国认识到只有通过对话携手合作，才能共同应对冷战后新的安全挑战。2006 年，时任中国国家主席胡锦涛在出席亚信会议第二次首脑会晤时，曾从四方面概括亚信会议的重要意义：第一，坚持相互协作，推动建立亚洲新型安全架构；第二，坚持相互借鉴，促进各种文明的共同繁荣；第三，坚持多边主义，加强区域内外的通力合

---

① U. S. State Department. Declaration on the Principles Guiding Relations between the CICA Member States [EB/OL]. (1999-09-14) [2020-04-02]. http：//www. s-cica. org/admin/upload/files/DECLARATION_ ON_ THE_ PRINCIPLES_ GUIDING_ RELATIONS _(1999) _-_eng. doc

② 亚信会议官网. Almaty Act [EB/OL]. (2002-03-29) [2020-04-02]. http：//www. s-cica. org/admin/upload/files/Almaty_ Akt_(2002) _-_eng. doc.

作；第四，坚持互利共赢，深化了亚洲各国的经济合作。①

自亚信峰会成立以来，中国给予这一机制积极的支持。2014 年 5 月，亚信会议第四次领导人会议在中国上海举行，中国国家主席习近平发表了主旨演讲，提出了构建共同安全、综合安全、合作安全和可持续安全的亚洲安全观设想。具体而言，共同安全就是要充分考虑亚洲国家安全利益和安全诉求多种多样的特点，尊重和保障每一个国家的安全，建立利益交融、安危与共、一损俱损、一荣俱荣的命运共同体，不能以牺牲其他国家的安全为代价维护本国所谓的"绝对安全"；综合安全则是要统筹兼顾传统安全和非传统安全，充分认识到亚洲地区安全问题复杂多样的现状，综合考虑各种敏感问题以及民族宗教矛盾、恐怖主义、跨国犯罪、环境安全、网络安全、能源安全、重大自然灾害等各种安全挑战；合作安全则是各国需要通过对话和合作来促进各个国家和整个地区的安全，各国之间要进行坦诚和深入的对话与沟通，增进战略互信，减少相互猜疑，积极培育各国合作应对安全挑战的意识，不断扩大合作领域，创新合作方式，坚持和平解决争端，反对以使用武力或以武力威胁；可持续安全则是将安全问题和发展问题并重，关注产生安全问题的根源，用发展作为解决安全问题的最根本手段，积极改善各国的民生，缩小贫富差距，通过发展来实现持久的安全。② 2016 年在北京召开了亚信峰会第五次外长会议，习近平再次做了主旨发言，进一步指出和平与稳定是当今亚洲的大势所趋，发展和繁荣是亚洲各国的民心所向。亚洲

---

① 新华网. 胡锦涛在亚信成员国领导人第二次会议上的讲话 [EB/OL]. (2006-06-17) [2020-04-05]. http：//news. xinhuanet. com/newscenter/2006-06/17/content_4710535. htm.

② 环球网. 习近平在亚信第四次峰会做主旨发言 [EB/OL]. (2014-05-21) [2020-04-05]. http：//world. huanqiu. com/article/2014-05/5001344. html.

各国要发展合作共赢的新型伙伴关系，共同维护本地区的和平与稳定，在追求本国利益的同时兼顾别国的合理关切，在维护本国安全的同时尊重其他国家的安全，推动建立相互尊重、平等相待的亚洲命运共同体。①

同东盟防长扩大会议类似，亚信会议的主要成员也为亚洲中小国家。中小国家一方面通过建立多边安全对话机制为增进本地区的共同安全做出积极贡献，另一方面其所构建的安全机制也具有较大的局限性，主要是制度化程度比较低。② 采取这种低制度化的原因主要是成员国历史文化传统以及所面临的现实挑战和威胁多种多样，不同国家之间仍然缺乏相互认同。因此，从本质上来讲，亚信会议并不是一个国际组织，而仅仅是一个论坛，其所关注的也主要是成员国共同感兴趣的问题。③这种低制度化的对话机制一方面可以使更多的国家参与进来，从而扩大机制的影响力，另一方面也会导致在面对较为复杂的地区安全问题时往往显得"心有余而力不足"，无法为有关问题的解决提供强有力的支撑，也无法为地区和平稳定提供持续保障。通常而言，一个制度的制度化程度具有三个维度，即义务性（obligation）、精确性（precision）和代表性（delegation）。义务性意味着国家被一系列规则或承诺约束起来，或者说它们的行为受到这些规则或承诺的法律性约束，因为其行为要受到外部的审查。精确性表明规则明确地规定了它们所要求、授权或

---

① 中国共产党新闻网. 习近平在亚信第五次外长会议开幕式上的讲话 [EB/OL].（2016-04-28）　[2020-04-05]. http：//cpc. people. com. cn/n1/2016/0428/c64094-28311968. html

② 魏玲. 小行为体与国际制度——亚信会议、东盟地区论坛与亚洲安全 [J]. 世界经济与政治，2014（05）：90.

③ 努尔朗·耶尔梅克巴耶夫. 亚洲安全问题 [J]. 张宁，译，俄罗斯东欧中亚研究，2007（05）：93.

禁止的行为。代表性则存在着一个第三方,它被授权来执行、解读和运用这些规则,解决争端和制定未来的规则。① 因此,一个国际制度可以是这三个维度均得以大化的理想状态,或是包含多种形式的软性规则形式,还可以是这三个维度均完全不存在的另一种极端状态。对亚洲的大部分安全机制而言,其多为以非正式的软性规则占主导地位的制度形式。这种软约束的优势在于以下四点:第一,可以使国家避免做出正式的有约束力的承诺;第二,可以避免使达成的协议得到正式批准;第三,当环境发生变化时,可以对协议进行重新谈判或修正;第四,有利于快速达成协议。② 对大部分珍视自身主权且注重保持自身行动独立性的亚洲国家而言,选择软性规则确实可以避免正式规则对自身行动所带来的约束,但由此也导致了地区安全合作制度化程度不高,同域外大国间的双边合作大于域内国家间多边合作等现象。由于软约束更具灵活性,因而也更容易被国家放弃,所以亚洲国家也往往并不会投入大量资源来维持这些非正式承诺。

建立安全合作机制是一件相对较为困难的事情。从理性主义的角度来讲,在任何领域中进行合作都是困难的,而这也是制度的价值所在。罗伯特·基欧汉(Robert O. Keohane)就曾指出,制度的价值来自合作的潜在收益以及实现合作的困难性,这二者共同使得国际制度具有重大意义。③ 但是,同其他领域的制度相比,国际安全领域中的制度又具有

① Kenneth W. Abbott, Robert O. Keohane, Andrew Moravcsik. Ann-Marie Slaughter and Duncan Snnidal. The Concept of Legalization [J]. International Organization, 2000, 54 (03): 401.

② Charles Lipson. Why Are Some International Agreements Informal? [J]. International Organization, 1991, 45 (04): 501.

③ Robert O. Keohane. International Institutions: Two Approaches [J]. International Studies Quarterly, 1998, 32 (04): 386.

自身特殊性，从而导致在安全领域开展合作乃至建立合作机制的难度更大。杰维斯指出，同其他领域的合作机制相比，建立安全合作机制需要满足四个特殊条件：第一，大国愿意建立这一机制，或者说相比一个各国可以各行其是的环境，大国更偏好一个具有约束力的环境。这就要求所有主要大国都必须对现状感到满意，并且不会通过诉诸武力来实现自身目标；第二，主要行为体必须相信其他行为体同他们一样珍视相互安全和合作的价值。国家不能高估其他国家的敌意，也不能夸大主要大国的进攻性；第三，即使主要大国都是维持现状国家，如果其中一个或多个国家认为它们的安全可以通过扩张的方式来保障，那么安全机制也难以建立；第四，战争以及对于安全的个体追求必须被看作代价高昂的。① 由于在无政府的国际体系中，国家间很难同时满足这四个条件，因而安全机制的建立是相当困难的。

对中国而言，在依靠现有各种地区安全合作机制外，也要考虑建立新的同"一带一路"相适应的安全机制。"一带一路"的目标并不是构筑一种集体安全体系，也不寻求建立军事同盟，安全机制只是起到为"一带一路"保驾护航的作用，在整个"一带一路"规划中处于次要和附属位置。但是，由于"一带一路"沿线所经地区众多，沿线国内部情况复杂，某些国家间又多有矛盾和纠纷，导致这一倡议持续面临多种传统和非传统安全威胁，因而构筑安全合作机制是十分必要的。从自身发展角度来看，中国也需要参与主导多个亚洲次区域多边安全合作机制。② 这是因为中国发展和崛起的平台始终在亚洲，这些多边安全合作

---

① Robert Jervis. Security Regimes［J］//in Stephen D. Krasner ed. International Regimes，2009：176-178.

② 时殷弘. 国际政治与国家方略［M］. 北京：北京大学出版社，2006：229.

机制对于缓解乃至消除中国所面临的地区安全压力，突破中国同周边国家的"安全困境"是必要的。

当前在一定程度上由中国所主导的，且运作较为成功的次地区安全合作机制是湄公河联合巡逻执法机制，包含了中国、老挝、缅甸和泰国四个湄公河（澜沧江）沿线国家。自 2011 年 12 月起，四个国家开始在湄公河流域联合执法，其目标是打击跨国有组织犯罪、保障贸易道路顺畅、维护区域和平与安全。这也是四个国家联合为地区安全提供的公共产品，它具有非竞争性和非排他性，整个区域都可以从中获益。① 在巡航过程中，四国执法部门还联合开展了三届"平安航道"湄公河联合扫毒行动，其目标是提高湄公河流域的禁毒执法能力、加强对易制毒化学品的缉查、追捕重要涉毒逃犯、严厉打击"金三角"地区制造毒品活动。为此，四国执法部门协同开展了设卡检查、清查重点涉毒村落、水上巡逻、情报搜集、联合抓捕犯罪嫌疑人等行动。"平安航道"联合扫毒行动是中老缅泰湄公河流域执法安全合作机制的重要合作形式，得到了中国在资金、技术等方面的大力支持。②

在此基础上，2015 年 11 月，中国提出的澜沧江—湄公河合作机制正式成立，其合作内容主要涵盖了政治安全、经济和可持续发展以及社会人文三个领域。该机制的建立为解决区域内跨境安全问题、深化区域合作提供了新的机遇，也为中国展现其国际秩序建设能力提供了新的平

---

① 谈谭. 中国主导湄公河次区域国际公共产品供给的路径分析——以中老缅泰四国湄公河联合巡逻执法为例 [J]. 同济大学学报（社会科学版），2017，28（04）：49.
② 新华网. 第二届中老缅泰"平安航道"联合扫毒行动取得阶段性成果 [EB/OL]. (2015-02-07) [2020-04-06]. http：//www.xinhuanet.com//world/2015/02/07/c_1114291801.htm.

台和渠道。① 同联合巡航相比，澜沧江—湄公河合作机制所涉及的安全领域更加宽泛，包含了政治、经济、外交等传统安全内容，以及恐怖主义、金融危机、能源安全、公共卫生、网络安全、灾害疫情等非传统安全领域，因而更加符合湄公河流域国家的实际需求。这是因为除去跨国犯罪和毒品走私等问题之外，湄公河流域国家还面临诸多安全挑战。例如，水资源问题是制约中国同湄公河流域国家合作的主要障碍之一。中国与湄公河沿岸国家在修建水利设施和水产养殖等方面缺乏事先沟通，出现问题之后再急于补救。湄公河沿岸国家在同中国进行跨界水合作时也往往抱有疑虑，特别是反对中国在上游修建水电站。湄公河沿岸国家彼此之间在涉及水资源开发与利用等问题时，也通常将本国利益凌驾于沿岸国家的共同利益之上，从而引发这些国家彼此之间的矛盾与纠纷。在能源方面，中缅石油管道的建设还受到缅甸国内政治局势动荡的影响。尽管缅甸进行了大选并成立了民选政府，但缅甸军方的势力仍然不可小觑，而其国内政治、民族和宗教等方面的矛盾也影响着国家的稳定。特别是在缅北地区，尽管缅甸中央政府同"民地武"达成协议，但并没有从根本上解决双方的矛盾。一旦缅甸中央政府同"民地武"爆发冲突，途经缅北地区的中缅石油管线必然受到威胁。

正是安全问题制约了中国同湄公河沿岸国家之间的合作。虽然中国同湄公河沿岸国家的政治、经济交往在近年来不断增强，但是由于跨境安全问题制约了各方之间合作的深度和广度，从而导致各方始终无法开展更加深入的合作，也使各方对深入合作抱有诸多顾虑。在围绕湄公河的开发与利用问题上，中国同东南亚国家之间缺乏安全互信，制约了湄

---

① 卢光盛，张励. 澜沧江—湄公河合作机制与跨境安全治理 [J]. 南洋问题研究，2016（03）：12.

公河次区域合作的开展。中国担心湄公河沿岸国家制约本国的水资源开发，而湄公河沿岸国家也担心中国利用上游优势控制下游水量，从而影响本国的农、渔等产业的发展。国际关系学研究已经指出，在围绕跨界河流问题上，一个经常出现的问题便是国家经常依赖于双边而非多边协议来进行水资源治理，这同水资源专业人士所倡导的一体化的河流治理模式相矛盾，而导致这一现象产生的原因则在于协定往往是国家利益、交易成本和权力分配的产品。① 具体而言，有两个因素阻碍了国家间的多边水资源合作：第一，在多边河流治理中，交易成本是合作的重大障碍；第二，上下游国家之间的权利不平衡影响了国家对于双边或多边协议的选择。当上游国家拥有明显的优势时，该国更有可能将这种优势转变成双边协议，而当上下游国家间的权利分配基本上平衡时，国家间则更倾向于签署多边协议。同时，还有一个因素会推动国家间多边协议的产生，即对水资源的高度依赖可以增加国家间的合作。② 总体上看，由于国家利益、交易成本和权利分配不平等多因素的共同作用，在河流治理问题上出现得更加频繁的是双边条约或协定。由于一个河流往往流经多个国家，这就导致该河流的治理往往出现诸多相互重叠甚至是矛盾的双边协定，从而形成了围绕该河流治理的碎片化问题。

同时，现有研究也显示出相关河流对参与谈判的各方而言具有重大价值时，谈判所关注的是当前而不是未来的问题时，以及谈判各方拥有

① Neda A. Zawahri, Sara Mclaughlin Mitchell. Fragmented Governance of International Rivers: Negotiating Bilateral Versus Multilateral Treaties [J]. International Studies Quarterly, 2011, 155 (03): 835.

② Neda A. Zawahri, Sara Mclaughlin Mitchell. Fragmented Governance of International Rivers: Negotiating Bilateral Versus Multilateral Treaties [J]. International Studies Quarterly, 2011, 155 (03): 836.

更加紧密的关系时，谈判最有可能取得成功。① 跨境河流的特殊性导致沿线国家之间同时存在着冲突和利益。因此，即使是对理性的、仅仅关注自身利益的国家而言，围绕跨境河流治理开展合作也是可能的。一方面，上游国家和下游国家围绕着水资源的开发与利用出现的分歧为合作制造了障碍；另一方面，上下游国家之间的地缘关系又为它们克服这些障碍提供了动力。此外，河流沿线国之间的原有关系也会影响到水资源合作的开展。具体而言，河流沿线国之间的积极关系可以促进信息的流动，从而增进国家之间的相互信任并且推动相关协议的产生。② 水资源谈判并不是发生在政治真空中，因此谈判的结果会受到沿线国之间总体关系的影响。就这方面而言，中国同大部分湄公河流域国家均存在长期的互利合作关系，而这构成了各方之间合作的基础。但是，中国同某些湄公河沿线国之间的紧张关系也会影响次区域安全合作。例如，当中国同越南在西沙问题上的争议变得激烈时，两国在湄公河问题上的合作也受到了阻滞。③ 除此之外，东南亚国家之间的双边或多边问题也制约着湄公河流域的合作。例如，缅甸的罗兴亚人危机已经纳入东盟外长会议的议程中，还被视为东南亚与南亚次区域之间的潜在安全威胁。"中国威胁论"、南海争端等问题也加剧了湄公河沿线国家之间的不信任，成

---

① Neda A. Zawahri. Sara Mclaughlin Mitchell. Fragmented Governance of International Rivers: Negotiating Bilateral Versus Multilateral Treaties [J]. International Studies Quarterly, 2011, 155 (03): 839.

② Neda A. Zawahri, Sara Mclaughlin Mitchell. Fragmented Governance of International Rivers: Negotiating Bilateral Versus Multilateral Treaties [J]. International Studies Quarterly, 2011, 155 (03): 866.

③ 李峰，洪邮生. 微区域安全及其治理的逻辑——以"一带一路"倡议下的"大湄公河微区域"安全为例 [J]. 当代亚太，2019 (01): 133-134.

为影响湄公河次区域合作开展的结构性障碍。①

澜沧江—湄公河合作的基础是沿线国家间的协调，但在推行进程中仍然面临一些需要解决的问题。第一，中国同相关国家之间的政治互信仍有待加强。政治互信是否牢固直接影响到中国同湄公河沿线国家之间在跨境安全治理上的配合与协调。中国同某些湄公河沿线国家之间在领海等问题上存在争端，而某些域外国家和非政府组织也在干扰湄公河沿线国家，使中国同湄公河沿线国家之间的政治互信并不牢固。② 第二，需要协调好维护国家主权和在区域治理中的主权让渡之间的关系。中国同湄公河沿线国家一样，将相互尊重对方主权、不干涉对方内部事务作为地区合作的基础。传统上，学者们认为区域治理中的主权让渡是不可避免的，即使是在较为敏感的安全治理领域也不例外。但是这种观点犯了一个重要错误，即将欧洲和北大西洋地区的、以多边组织（如欧盟和北约）为主导的安全治理形式等同于安全治理的全部形式，而这就忽视了建立非西方式的安全治理制度的可能性。③ 尽管对于跨边界安全问题（特别是诸如恐怖主义等非传统安全问题）的解决超越了一国政府的能力范围因而需要国家间的协调，但欧盟式的主权让渡并非解决这一问题的唯一途径。建立跨国安全治理机制的关键在于推动国家的能力和运转方式的变化，使它们可以更有效地应对跨境安全威胁。通常，这包括制定国际标准、规则和实践模式，并且国家需要将它们内化到国内

---

① 李峰，洪邮生. 微区域安全及其治理的逻辑——以"一带一路"倡议下的"大湄公河微区域"安全为例 [J]. 当代亚太，2019（01）：148.

② 卢光盛，张励. 澜沧江—湄公河合作机制与跨境安全治理 [J]. 南洋问题研究，2016（03）：18.

③ Shahar Hameiri，Lee Jones. Adam Sandor. Security Governance the Politics of State Transformation：Moving from Description to Explanation [J]. Journal of Global Security Studies，2018，03（01）：464.

治理体系中。① 也就是说，推动相关国家国内治理朝着"善治"的方向转变，比在超国家机构中计渡主权更加重要。第三，中国同相关国家在地区安全公共资源供给上的责任分担还需要进一步细化。中国是湄公河联合巡航执法的发起国和主导国，并承担了绝大部分联合巡航的成本。这一方面会导致"集体行动的困境"所描述的其他国家的"搭便车"行为，另一方面也会引发外界对于中国发起巡航的真正意图的担忧。为了避免引发中国将湄公河联合巡航执法行动"私物化"这种不必要的担忧，中国应当在继续为联合巡航提供人力、物力和财力的基础上，努力让其他参与国认识到联合巡航执法行动的目的，引导它们认识到只有各国紧密合作才能保障湄公河水域的航行安全。② 作为地区大国，中国可以在一定程度上承担更多巡航成本，为本地区中小国家创造一个安全、稳定的地区环境，而这也是国际社会对大国的普遍责任要求。但是，这并不意味着大国需要单方面供给地区公共产品，特别是在国家间相互信任还没有达到一定程度的条件下，这种单方面供给反而会引发其他国家对于大国真实意图的疑虑。例如，一些西方学者将湄公河联合巡航行动同"中国水霸权"联系在一起，认为中国意图在湄公河下游建立军事据点。一些国际组织、下游国家以及环保团体等非政府组织也将中国的行为描绘为追求"水霸权"，将中国看作造成湄公河地区的人权、环境、自然灾害、贫困、社会发展、国家安全等问题的"元凶"。③

---

① Shahar Hameiri, Lee Jones. Adam Sandor. Security Governance the Politics of State Transformation: Moving from Description to Explanation [J]. Journal of Global Security Studies, 2018, 03 (01): 469.

② 谈谭. 中国主导湄公河次区域国际公共产品供给的路径分析——以中老缅泰四国湄公河联合巡逻执法为例 [J]. 同济大学学报（社会科学版），2017, 28 (04): 55.

③ 邢鸿飞，王志坚. 湄公河水安全问题初探 [J]. 世界经济与政治论坛，2019 (06): 160-161.

因此，最佳解决方案应当是由本地区国家联合提供可以满足共同需求的区域公共产品，而这就有赖于增进国家间协调与合作。

中国主导下的澜沧江—湄公河合作机制还要避免引发"制度过剩"现象，从而导致制度碎片化问题。所谓"制度过剩"是指一种恶性的、排他性的国际制度竞争，它意味着主导国之间的国际制度竞争建立在排他性和对抗性的基础之上，国际制度被高度"私有化"，成为主导国的权力工具，其公共服务功能退居次要地位。它表现为不同制度之间的对抗或重叠，从而降低了国际制度的运行效率，造成了资源的浪费。① 事实上，中国推动建设的澜湄合作机制并不是这一地区唯一的合作机制，湄公河流域国家之间已经先于中国开展了诸多方面的合作。一方面，澜湄合作是一种以弱规范为基础的弱机制，其内部缺少强有力的、得到各方共同认可的规范；另一方面，湄公河流域又面临着机制林立但是治理效率低下的问题。东盟的四大规范（限制以武力方式解决国家间争端、不干涉主义、区域问题区域解决、协商与共识）是指导东南亚国家解决地区和平与安全问题的基础，它决定了东盟国家是这一地区安全治理的唯一主角，外部大国只能被排斥在地区安全议题之外。② 这就不可避免地限制了中国参与湄公河流域安全治理的深度与广度，导致中国无法同东南亚国家围绕湄公河安全问题开展深入合作。同时，在同一问题领域中的多重治理制度并存也会导致治理制度碎片化，即具有不同价值观和功能的国际机制出现在治理体系中。它反映出由于行为体在权力和偏

---

① 李巍，张玉环. 美国自贸区战略的逻辑——一种现实制度主义的解释 [J]. 世界经济与政治，2015（08）：136.

② 李峰，洪邮生. 微区域安全及其治理的逻辑——以"一带一路"倡议下的"大湄公河微区域"安全为例 [J]. 当代亚太，2019（01）：150.

好上的差异，当前并不存在一个显著优越的治理机制。① 或者可以说，在许多政策领域中都存在着相互交织在一起的国际制度，这些制度具有不同的组织结构和规范、不同的支持者、不同的空间覆盖范围和不同的关注点。② 这导致不同的成员参与到多个平行条约中，且参与并不积极。因而，同那些所有成员国均参与其中的全面性机制相比，碎片化的治理机制无论在功能还是效率方面都是十分低下的。当前涉及湄公河流域的合作机制除去澜湄合作之外，还包括大湄公河次区域合作机制、湄公河委员会、东盟内部的湄公河开发合作等，其中某些机制中域外大国的作用也十分显著。例如，日本虽然不是湄公河沿线国，但对由中国和湄公河沿线国家构成的大湄公河次区域合作机制表现出了浓厚的兴趣，积极利用经济援助等手段拉拢湄公河流域国家。2007 年，日本公布了《日本—湄公河伙伴关系计划》，将柬埔寨、老挝和越南作为官方援助的重点对象。2009 年，日本又同湄公河沿线国家在东京召开了日本—湄公河首脑会议，确定日本继续增加对湄公河国家的官方援助。因此，中国在推动澜沧江—湄公河合作时，还需要妥善处理该机制同大湄公河次区域合作机制、中国—东盟合作框架等机制之间的关系，其他大国与湄公河次区域国家之间合作机制的关系以及澜湄机制内部成员国之间在合作议题选择上的差异等。③

除去澜沧江—湄公河合作机制外，中国当前在区域和次区域层次上

---

① 王明国. 全球治理机制碎片化与机制融合的前景 [J]. 国际关系研究, 2013 (05): 16.

② Fariborz Zelli, Harro van Asselt. The Institutional Fragmentation of Global Environmental Governance: Causes, Consequences, and Responses [J]. Global Environmental Politics, 2013, 13 (03): 2-3.

③ 周士新. 澜沧江—湄公河合作机制: 动力、特点和前景分析 [J]. 东南亚纵横, 2018 (01): 70.

参与的安全合作还比较少。这同亚太地区的安全特点有关。在东亚和东北亚区域，日本和韩国都是依赖于同美国的双边安全合作，而非本地区国家间的多边安全合作，从而使这一地区难以形成类似于欧洲那样的安全共同体。导致这种现象产生的原因在于美国倾向于将欧洲国家看作处于一个共同体当中的平等的成员，而将亚洲地区的盟国看作处于一个低于美国的共同体中的"他者"。① 特别是出于维护自身战略优势的考虑，美国对东亚国家之间任何构筑地区共同体的倾向都保持高度警惕，并且采取多重手段阻挠东亚一体化进程。早在 1990 年，美国就对时任马来西亚总理马哈蒂尔提出的"东亚共同体"倡议提出严重抗议，后来日本首相鸠山由纪夫对于东亚共同体的热衷也遭到美国反对，并成为鸠山黯然下台的一个重要原因。在东南亚，"东盟中心"是地区合作的制度性和规范性基础，它推动了关于地区协商合作与协商治理的"东盟方式"的产生。在此基础上，东盟将地区相关大国纳入其关系网络中，通过对各种关系的主动管理和调节来优化自身外部环境，从而维护自身安全利益。② 在这个关系网络中，东盟是核心和节点，它通过建立均势、塑造规则体系以及发展情感纽带等方式同外部大国保持联系，并且不允许域外国家动摇自身在东南亚事务中的主导与核心地位。

因此，在同东北亚国家的安全实践中，中国不能忽视美国因素的影响，在同东南亚国家的安全实践中，则要尊重东盟的主导地位。面对独特的地区安全结构，中国首先需要倡导符合亚洲国家利益的安全理念。

---

① Christopher Hmeemr, Peter J. Katzenstein. Why There Is No NATO in Asia? Collective Identity, Regionalism, and the Origins of Multilateralism [J]. International Organization, 2002, 56 (03): 575.

② 魏玲. 关系平衡、东盟中心与地区秩序演进 [J]. 世界经济与政治, 2017 (07): 38.

早在 2001 年，中国便提出了以"互信、互利、平等、协作"为核心的新安全观。这一安全观包含四个要素：一是战略互信，这是构成新安全观的重要前提。所谓战略互信，就是要摒弃冷战思维，不依据意识形态划线，在承认各国在社会制度、历史文化等方面存在差异的前提下相互尊重、超越分歧、化解矛盾，而不是刻意制造矛盾、损害互信。各国应当尊重对方而不是挑战对方，关照彼此的核心关切而不是超越战略底线，同时也要摒弃"你得我失、你赢我输、你兴我衰"的零和思维，不走靠集团政治谋求单方面安全的老路。二是互利共赢，这是构成新安全观的重要基础。所谓互利共赢，就是要倡导人类命运共同体的意识，把本国利益同别国利益结合起来，促进各方实现共赢。要树立每个国家的发展都离不开其他国家的发展，任何一国出问题也都可能殃及别国的信念，在维护自身安全的同时尊重别国的安全需求。各国既不能靠单打独斗实现所谓的绝对安全，更不能以邻为壑，以损害别国安全的方式来维护自身安全。三是包容平等，这是新安全观的重要准则。所谓包容平等，就是尊重世界文明的多样性，提倡不同文明之间的对话交流，而不是挑起所谓的"文明的冲突"。各国要尊重发展道路多样化，提倡相互借鉴、取长补短，尊重和维护各国人民自主选择发展道路的权利。要相互照顾对方的合理关切和发展权利，反对武力对抗。四是务实协作，这是实现新安全观的重要途径。所谓务实协作，就是各国要不断拓展和深化务实合作，共同应对挑战、管控危机、化解威胁。同时，也要加快推进区域双边和多边安全合作，特别是在反恐、维和、救灾、护航、人道主义救援等领域开展务实有效的合作，树立综合安全、共同安全、合作安全的新理念，促进对话和合作而不是制造紧张局势。① 这一安全观的核心在于各国要超越意识形态和社会制度差异，抛弃冷战思维和霸权主义心态，相互尊重对方利益，为对方创造安全条件，通过平等协商解决争端，实现国际关系民主化。

在此基础上，结合地区安全形势的变化，习近平主席在 2014 年举行的亚洲相互协作与信任措施会议第五次外长会议上，提出了"共同、综合、合作、可持续"的亚洲安全观，为亚洲国家之间解决彼此间的矛盾与冲突、推动安全相互信任和相互协作、优化地区安全结构阐明了方向。这一安全观是针对亚洲所面临的具体安全形势，为促进亚洲国家开展安全合作、实现安全共享而提出的，但是其内涵对于解决世界各地区的安全问题、促进各地区的和平与稳定均有重大意义。正是由于亚洲安全观具有这种"全球意义"，在 2020 年 12 月举行的中央政治局第二十六次集体学习活动上，习近平主席将其提升为"全球安全观"。

在全球安全观中，"共同"就是要尊重和保障每一个国家的安全，它强调安全的普遍性、平等性和包容性，认为不能依靠牺牲别国安全来维护自身所谓绝对安全；"综合"是指要统筹维护传统安全和非传统安全领域，通盘考虑亚洲安全问题的历史根源和现实状况，协调推进地区安全治理；"合作"则是要通过对话沟通增进战略互信，减少相互猜忌，从低敏感领域入手，积极培育合作应对安全挑战的意识，不断扩大合作领域，创新合作方式；"可持续"意味着发展和安全是同等重要的，要将发展作为解决地区安全问题的"总钥匙"。② 从内涵上看，"全

---

① 戚建国. 同舟共济 共享安全［M］//中国军事科学学会国际军事分会. 亚太地区安全：新问题与新思路. 北京：军事科学出版社，2014：4-6.
② 习近平. 论坚持推动构建人类命运共同体［M］. 北京：中央文献出版社，2019：111-114.

球安全观"是 2001 年提出的新安全观的延续和发展，因为二者都强调各国通过对话、合作等平等协商的方式来解决安全争端，也都主张摒弃以零和博弈的视角来看待安全问题，而是认为各国之间要实现共同安全和合作安全，就不能将自身的安全建立在损害其他国家的利益或对其他国家进行威胁的基础之上。

新的全球安全观超越了现有理论对于安全的理解，有助于各国在相互尊重、相互信任、相互协商的基础上实现可持续安全。同时，在更深入的层次上，全球安全观还是构筑人类命运共同体的重要基石，因为安全是构建任何共同体的基本保障。同全球安全观倡导的理念相一致，人类命运共同体同样超越了西方的将世界分为"我们"和"他们"，并且"我们"代表进步、正义、普遍价值观和人类发展方向，而"他们"则代表落后、非正义，因而必须被"同化"到西方主导的世界中的国际关系思维。① 它突出了世界的包容性，有助于消除人为建立的国与国之间、民族与民族之间、文明与文明之间的鸿沟。

同美国不同，中国主要是依靠多边主义而不是双边主义来维护地区安全，也提出了更加完备的构建亚太地区安全合作机制的设想。作为亚洲国家，中国更加希望亚太地区保持和平稳定。亚太地区的安全与稳定既有利于中国自身的发展，也有利于本地区国家的共同利益。同"一带一路"的目标相一致，中国将推动本地区国家之间的互联互通作为实现地区安全的基础和前提。2013 年召开的周边外交工作座谈会上，习近平就强调在推进周边外交的时候要深化互利共赢的格局，要"统筹经济、贸易、科技、金融等方面的资源，利用好比较优势，找准同周

① 薛力. 人类命运共同体：世界治理新方案［M］//邓纯东. 人类命运共同体思想研究. 北京：人民日报出版社，2018：82.

边国家互利合作的战略契合点，积极参与区域经济合作""要同有关国家共同努力，加快基础设施互联互通""要以周边为基础加快实施自由贸易区战略，扩大贸易、投资合作空间，构建区域经济一体化新格局"。① 总体上看，中国倡导的是以互联、互通为基础的地区安全架构，它具有以下四个特点：一是这种架构应当是多层次、复合型和多样化的，也就是要尊重亚太地区存在着多种安全合作机制的现实，立足于对现有机制的完善和升级；二是建立地区安全架构是地区各国的共同事业，也就是各方要共同参与，做出力所能及的贡献，大国更是要肩负起有效应对日趋复杂的地区安全挑战的责任；三是地区安全架构应当建立在共识的基础之上，这就需要各国继续加强对话合作，在不断积累共识的基础上稳步推进地区安全架构建设；四是地区安全架构需要和地区经济架构协同推进，就是一方面要通过不断完善安全架构，确保经济发展所需要的和平稳定环境，另一方面也要通过加快推进区域经济一体化，为安全架构提供稳固的经济社会支撑。② 推动亚洲多边安全合作构建的理念基础就是亚洲安全观，它倡导的"共同、综合、合作、可持续"理念表明传统的依靠权力优势、建立均势、构筑集体安全体系等途径来维护安全的方式在当代已经行不通。在国与国之间相互依赖不断加深、跨国安全问题日益凸显、非传统安全挑战持续上升的时代，协商和对话是解决各国安全问题的唯一途径，发展是维系安全的保障，平等和包容则是开展安全协调与合作的基础。

---

① 新华网. 习近平：让命运共同体意识在周边国家落地生根 [EB/OL]. (2013-10-25) [2020-04-07]. http：//news. xinhuanet. com/2013-10/25/c_117878944_2. htm.
② 中国的亚太安全合作政策白皮书 [N]. 人民日报, 2017 (01).

第四章　"一带一路"与第三方市场合作

2008 年国际金融危机爆发后，世界经济发展陷入低迷。随后数年间，民粹主义开始在一些国家盛行，单边主义和保护主义持续抬头，经济全球化遭遇挑战。就在这一时期，中国提出了"一带一路"倡议，通过推动"一带一路"国际合作，为世界经济增长开辟了新空间，为广泛的跨区域合作提供了新平台。尽管"一带一路"倡议最早由中国发起，但"一带一路"国际合作绝不能成为中国的"独角戏"。"一带一路"国际合作之所以能超越传统的地缘政治困局，关键在于践行共商、共建、共享的合作理念，推广联动开放包容的合作模式。继中法两国于 2015 年共同发表关于第三方市场合作的《联合声明》之后，第三方市场合作成为"一带一路"国际合作的热点话题。当前国内学界关于第三方市场合作的研究主要集中于两个方向：其一，关注第三方市场合作兴起的国际背景、概念定义、中国路径以及宏观层面的经济、外交收益。① 其二，基于国别和区域视角，观察第三方市场合作的基本考量、项目实施的方式与收益以及面临的风险挑战和应对策略。②值得一提的是，以上两个方向的研究都主要关注中国作为合作主体的第三方市场合作，对全世界范围内第三方市场合作涉及较少，并且侧重于宏观的国家和价值视角，较少涉及中微观层次的企业视角。然而，在第三方市场合作众多项目的具体实践中，企业往往是最直接、最重要的项目实施主体。由此引发了一系列值得思考的问题：在宏观的国家和政府层面之下，中微观层面的企业作为合作主体，到底赋予第三方市场合作哪些基本特点？合作伙伴企业如何通过第三方市场合作拓展海外市场？通过第三方市场合作拓展海外市场面临哪些影响因素？第三方市场合作存在哪些局限性？本章致力于超越局限于中国一国的既有分析视角，探索适用

① 代表性著作包括：郑东超. 中国开展第三方市场合作的意义、实践及前景 [J]. 当代世界, 2019 (11): 76-79. 付江. "一带一路"第三方市场合作效果评估 [J]. 中国经贸导刊, 2020 (06): 24-26. 徐梅. 从"一带一路"看中日第三方市场合作的机遇与前景 [J]. 东北亚论坛, 2019 (03): 55-67+127. 张菲, 李洪涛. 第三方市场合作："一带一路"倡议下的国际合作新模式——基于中法两国第三方市场合作的分析 [J]. 国际经济合作, 2020 (02): 26-33. 庞加欣. "一带一路"建设下第三方市场合作理论探索 [J]. 国际观察, 2021 (04): 18-43. 韩爱勇. 第三方市场合作的开展及其对周边外交的启示 [J]. 太平洋学报, 2020 (07): 28-40. 门洪华, 俞钦文. 第三方市场合作：理论建构、历史演进与中国路径 [J]. 当代亚太, 2020 (06): 4-40, 153-154.

② 代表性著作包括：宫笠俐. 中日第三方市场合作：机遇、挑战与应对方略 [J]. 现代日本经济, 2019 (05): 44-54. 王竟超. 中日第三方市场合作：日本的考量与阻力 [J]. 国际问题研究, 2019 (03): 81-93, 138. 刘姝. 亚洲命运共同体视域下中日第三方市场合作 [J]. 国际论坛, 2021 (05): 111-124, 159. 郑春荣. 中欧第三方市场合作面临的机遇与挑战 [J]. 世界知识, 2020 (03): 60-61. 许华江. 中法企业第三方市场合作分析——以喀麦隆克里比深水港项目为例 [J]. 国际工程与劳务, 2019 (10): 27-30. 毕世鸿, 屈婕. 多边合作视角下中日在东盟国家的第三方市场合作 [J]. 亚太经济, 2020 (01): 23-31, 149-150. 季晓勇, 华楠. 中韩企业第三方市场合作探析 [J]. 国际工程与劳务, 2019 (08): 46-48.

于"一带一路"国际合作的第三方市场合作规律。

第一节 第三方市场合作的基本特点

第三方市场合作是构建开放型世界经济体系的探索之举,是"一带一路"国际合作的重要组成部分。在宏观层面,第三方市场合作有助于"一带一路"倡议的贯彻与落实,有助于促进与发展国家间的经贸合作,有助于扩大各国的利益交汇点,有助于推动能源环保共同体的构建,有助于推动人类社会的可持续发展。在微观层面,第三方市场合作有助于增强企业成本竞争力,通过企业间价格和技术优势互补实现协同效应,甚至能帮助一些企业规避政治和安全风险。目前,各国实行第三方市场合作模式具有一定的共性特点,即以发展中国家市场为合作客体,以两个或多个发达国家或发展中大国的企业为主体,在基础设施建设、能源和环保、软件创新和金融投资等领域,以合资、参股、并购和工程合作等方式在第三方市场进行经济合作,达到合作主客体三方(或更多)之间优势互补、合作共赢的效果(见表3)。

表3 第三方市场合作的部分企业案例

公司1	公司2	合作项目
艾弗利斯(Everis Partici-paciones S. L.)[西班牙]	日本电报电话数据公司(NTT DATA)[日本]	在拉美第三方市场合作后,2013年,日本电报电话数据公司以收购的方式进入艾弗利斯所在国市场和拉美市场

公司1	公司2	合作项目
阿丘斯（AAQIUS）［法国/瑞士］	正星科技［中国］	和中国企业在"一带一路"框架下进行第三方市场合作后，2017年阿丘斯和正星科技在中国南京江北新区开展合作
全球移动即服务公司（MaaS Global）［芬兰］	北欧忍者风险投资（NordicNinja Venture Capital）［日本］	在第三方市场合作后，2019年北欧忍者风险投资成功将全球移动即服务公司引入日本市场
明智4（Sensible 4）［芬兰］	北欧忍者风险投资（Nordicninja Venture Capital）［日本］	在第三方市场合作后，北欧忍者风险投资协助明智4与日本公司无印良品和软银的SB Drive进行自动穿梭巴士GACHA的合作
阿祖萨·塞基（Azusa Sekkei［爱沙尼亚］）	北欧忍者风险投资（NordicNinja Venture Capital）［日本］	在第三方市场合作后，2019年北欧忍者风险投资成功将阿祖萨·塞基引入日本市场
真实视界（Realeyes）［伦敦］	北欧忍者风险投资（NordicNinja Venture Capital）［日本］	在第三方市场合作后，2020年北欧忍者风险投资成功将真实视界引入日本市场
艾锐光（Azuri Technologies）［英国］	丸红株式会社（Marubeni Corporation）［日本］	在非洲第三方市场进行太阳能技术合作后，由于艾锐光的目标并非发达国家市场，因此艾锐光并未借此进入日本市场
中国电建（Power China）［中国］	马来基集团（Al Malaki Group）［卡塔尔］	在巴基斯坦进行第三方市场的卡西姆港燃煤电站项目合作后，马来基集团并未产生进入中国市场的意愿，至今未进入中国市场
丰田通商（Toyota Tsusho）［日本］	CFAO SA［法国］	在丰田通商收购CFAO SA后，双方在非洲尼日利亚、喀麦隆、刚果等八个国家展开第三方市场合作

公司1	公司2	合作项目
德诺拉（de Nora）［意大利］	"氯工程师"（Chlorine Engineers）［日本］	德诺拉通过第三方市场合作进入到"氯工程师"占据优势的亚洲市场，尤其是中国，进行国际化发展

通过观察第三方市场合作参与企业的规模，可以发现，诸如大型基础设施等具有高风险和高成本的项目绝大多数由商业联合体或合资企业中的大公司承担。这些参与第三方市场合作的大企业间已经形成较为紧密的关系网络，甚至在对方国市场已形成一定影响力，因此参与第三方市场合作是大企业在以往的合作经验上权衡收益和风险的结果。此外，很多中小企业在科技创新领域积极参与第三方市场合作，无论是通过资金充足的大公司投资或收购，还是通过产业金融结合的方式，中小企业在第三方合作过程中的影响力得到提升和认可。第三方市场合作为中小企业提供了一个进入他国市场的便利途径，从一定程度上降低了进入合作伙伴国的市场门槛。因此，第三方市场合作是推进企业层面"一带一路"国际合作的重要组成部分。第三方市场合作若能带来合作主体企业间日后进一步合作的长期效应，将在一定程度上降低已有合作经验企业进入对方企业国家的市场准入门槛。

第三方市场合作有助于突破现有双边投资贸易机制的局限，通过三方协商，采取小多边机制，消除国家间合作疑虑，整合各方优势资源，推动市场各要素资源高效配置，深化利益融合，将共同利益的蛋糕做大；避免恶性竞争，降低贸易和对外投资成本，创建相互理解、共担共享的国际合作典范，完善现有全球治理体系和国际合作模式。以与欧洲国家开展第三方市场合作为例，作为世界的两大稳定力量和主要经济体，中欧是贸易多边主义的捍卫者，双方积极开展第三方市场合作，有利于促进国际市场大融合、大开放、大对接，为构建开放型世界经济汇聚更多正能量。通过与发达国家在第三国开展合作，有利于引导发达国家参与"一带一路"建设，降低中国企业进入部分"一带一路"沿线国家的投资风险。

第三方市场合作除了具有一般意义上的收益共享和成本共担的特点，还能为新的国际合作机遇打开大门、为国际合作项目奠定基础，有助于企业拓展国际市场，尤其是合作伙伴企业优势市场。企业国际化是经济全球化的重要表现，是企业跳出本国市场，开始面向海外市场发展生产经营活动的过程，拥有便利且有保障的海外市场能够弥补企业竞争劣势、规避制度和市场缺陷。合作一方企业能够利用在第三方市场合作中与合作另一方企业建立的伙伴关系，获取战略资源，保持自身竞争优势，并且一定程度上规避在国外市场发展的风险和不确定性。在此背景下，利用第三方市场合作开辟合作伙伴企业所在国市场，破解国际化障碍，快速建立企业全球组织架构，成为"一带一路"国际合作亟待解决的重要问题。

考虑到不同行业发展的客观规律，传统行业企业和高新技术企业进入国际市场、参与第三方市场合作的窗口期也不尽相同。诸如能源、运输、基础设施建设等多数传统行业企业在进行第三方市场合作前，就已经实现了成熟的国际化经营，后续的第三方市场合作更多的是对其国际经营的锦上添花之举。相反，高新技术企业为了顺利进入更大的全球市场，往往在初步发展阶段会选择与行业内其他优秀跨国企业合作[1]谋求

---

① Earle Hitchner. *The TeamNet Factor*: *Bringing the Power of Boundary Crossing into the Heart of Your Business* [J]. National Productivity Review，199313（01）：127-132.

规模经济、建立比较优势，更好地利用国际化发展机遇。因此，高新技术企业会更加积极主动地参与第三方市场合作，利用第三方市场合作带来的企业国际化效应，规避市场进入的各种障碍，创造拓展海外市场的发展机遇。

就进入方和引入方的双方企业互动过程而言，进入方企业能通过第三方市场合作进入合作伙伴企业居于优势的市场。借助于第三方市场合作，进入方能更好地规避国际化经营障碍、开拓海外市场、提高企业竞争力，从而促进企业进一步发展。从企业国际化的一般规律来看，在直接开拓国际市场时，企业会面临地理障碍、文化障碍、资金障碍、人才障碍、管理障碍和品牌障碍。① 第三方市场合作能为来自世界各地的企业搭建商业网络联系，有效克服企业地理障碍和文化障碍，帮助企业进入海外市场发展。日本贸易企业丰田通商（Toyota Tsusho）与法国服务提供商 CFAO SA 已在非洲开展了多个第三方市场合作项目。② 在学习 CFAO SA 风险管理、医药行业和大规模零售方面的专业知识的同时，丰田通商还借助 CFAO SA 员工在非洲长期的工作经验和对非洲深入的了解，有效规避了在非洲发展的文化障碍、人才障碍和管理障碍，成功地将丰田通商的业务扩展到整个非洲地区。③

不仅成熟的跨国企业需要继续开拓海外市场，在全球化背景下，初

---

① Vasanth Kiran, Mousumi Majumdar, and Krishna Kishore. *Internationalization of SMEs: Finding a Way Ahead* [J]. American International Journal of Research in Humanities, Arts and Social Sciences, 2013, 02 (01): 18–23.

② 相关信息参见丰田通商官网：https://www. toyota‐tsusho. com/english/csr/business/case04. html

③ Japanese Institute for Overseas Investment. *Collaboration of Toyota Tsusho with CFAO on African strategy* (*original title in Japanese*：豊田通商、CFAOと協業するアフリカ戦略) [N]. Japanese Institute for Overseas Investment, 2015 (09).

创中小企业也需要主动寻找国外市场机遇来推动技术发展，保持竞争优势[①]。欧洲央行在 2019 年的报告《欧元区初创中小企业的出口活动：从企业融资渠道调查中获得的见解》中指出，涉及国际市场的初创中小企业往往比仅有国内业务的同类型企业的利润率更高，创新性和竞争力更强。[②] 值得注意的是，初创中小企业在开拓海外市场的过程中往往会比大型企业面临更多的障碍，如信息障碍[③]、资金障碍[④]、管理障碍[⑤]和品牌障碍等。这些障碍中最具挑战的是初创中小企业缺乏接触新的国外客户和潜在合作伙伴企业的机会，也缺乏直接与其他公司建立商业联系的机会[⑥]。第三方市场合作模式为初创中小企业提供了快速获得资金帮助和商业网络支持的可能性。例如，成立不久的法国—瑞士环保能源创新公司阿丘斯（AAQIUS）通过第三方市场合作，获得了中国市场商业网络和资本的支持，成功进入中国市场进一步发展。

进入方企业固然能获得巨大收益，引入方当然也不是"引狼入室"，绝非有意让他人在自己卧榻之侧酣睡。对引入方而言，利用第三

① Vasanth Kiran, Mousumi Majumdar, and Krishna Kishore. *Internationalization of SMEs：Finding a Way Ahead* [J]. American International Journal of Research in Humanities, Arts and Social Sciences, 2013, 02 (01)：18-23.

② Katarzyna Bańkowska, Annalisa Ferrando, and Juan Angel García. *Export Activities of Euro Area SMEs：Insights from the Survey on the Access to Finance of Enterprises (SAFE)* [J]. Economic Bulletin Boxes, 2019 (08).

③ Lester Lloyd-Reason, Kevin Ibeh, and Brynn Deprey. *Top Barriers and Drivers to SME Internationalisation*, [J]. OECD Centre for Entrepreneurship, SME and Local Development (CFE), 2009.

④ European Commission. *Opportunities for the internationalisation of European SMEs - Final Report* [J]. 2011.

⑤ Barbara Fliess and Carlos Busquets. *The Role of Trade Barriers in SME Internationalisation* [J]. 2006.

⑥ Nadège Measson and Colin Campbell-Hunt. *How SMEs Use Trade Shows to Enter Global Value Chains* [J]. Journal of Small Business and Enterprise Development, 2015.

方市场合作将合作伙伴企业引入己方优势市场，可以实现1+1+1>3的共赢效应。随着工业4.0时代的到来，科技飞速进步，市场需求呈多元化发展态势，全球化竞争正逐渐由以设备、厂房为代表的重资产竞争转向以技术、专利为代表的轻资产竞争。为适应日趋激烈的技术竞争，成熟的跨国企业纷纷进行产品升级和产业转型，希望进入前沿高科技领域。拥有成熟国际化市场的跨国企业和拥有高新技术的初创企业在发展过程中刚好能够实现优势互补，而第三方市场合作是一种很好为二者牵线搭桥的合作方式。通过基于各方比较优势的第三方市场合作，不仅有利于引入方企业强化生产要素优势，实现引入方企业通过引入高新科技企业布局高新技术产业的商业目标，而且有助于作为进入方的初创高新科技企业既获得更多的资金、技术和管理经验，又拓展海外市场，成功实现国际化发展。

北欧忍者风险投资（Nordic Ninja Venture Capital）是日本在欧洲的第一家风投公司，于2019年1月以超过1亿欧元的资产启动运作，在本田、松下、欧姆龙和日本国际合作银行的支持下，在北欧和波罗的海地区有潜力的初创企业中寻找合作伙伴，为其提供拓展日本市场业务的资金和商业帮助。北欧忍者风险投资的合作伙伴包括：业务遍布欧洲的交通运输平台Bolt，成立于爱沙尼亚、总部位于英国伦敦的计算机视觉和情感人工智能企业真实视界（Realeyes），已在英国、比利时和奥地利推出移动服务应用程序Whim的芬兰初创公司MaaS Global，致力于开发苛刻和恶劣天气条件下自动驾驶技术的芬兰技术创业公司明智4（Sensible 4）。北欧忍者风险投资通过投资与这些企业开展第三方市场合作，并进一步为其提供开拓日本市场业务的商业支持。这种合作最终也达到了北欧忍者风险投资的预期效果。在接受北欧忍者风险投资的注资之后，真实视界于 2020 年进入日本市场；MaaS Global 旗下的应用软件 Whim 目前已成为日本最知名的芬兰创业品牌；明智 4 与日本企业无印良品（MUJI）及软银 SB Drive 在日本开展自动穿梭巴士 GACHA 的合作项目。

日本电报电话数据公司（NTT DATA）借助第三方市场合作，接触到西班牙可再生服务提供商艾弗利斯公司（Everis Participaciones S. L.），①得以拓展自身在西语国家的业务，也帮助艾弗利斯公司扩大了国际业务。意大利化学品制造企业德诺拉（de Nora）与日本电解装置生产企业氯工程师（Chlorine Engineers）借助第三方平台合作，帮助企业成功拓展了在亚洲的业务，并使德诺拉的销售额翻了一番。②

中国企业与国外合作伙伴企业开展的第三方市场合作也是基于三方合作理念的国际经济合作。中国企业与合作伙伴企业共同在第三方市场开展经济合作，从而推动"一带一路"国际合作的高质量发展。在中国与合作伙伴国及"一带一路"沿线国家政策沟通的推动下，第三方市场合作已形成法律与机制建设先行、融资与项目合作齐头并进、以非洲和东南亚为重点区域的发展模式。第三方市场合作强调政府推动、企业主导，通过开放包容的跨国合作，充分发挥发达国家技术和中国产能优势的互补性，推动第三国经济发展，特别是基础设施水平提升，实现 1+1+1>3 的共赢效果。随着"一带一路"国际合作的推进，沿线国家间的经贸合作不断深入、国际产能合作项目逐渐落地见效，为各国企业

---

① Masami Marbot. *Analysis of EU-Japan Business Cooperation in Third Countries* [R/OL]. (2020-04-23) [2020-04-25]. https：//www. eu-japan. eu/sites/default/files/publications/docs/report_masami_marbot_april_2020_0. pdf.

② Ministry of Economy, Trade and Industry in Japan. *Casebook on Investment Alliances with Japanese Companies* [R/OL], (2015-04-10) [2020-04-21]. https：//www. meti. go. jp/english/policy/external_economy/investment/pdf/casebook_01a. pdf.

共同开发第三方市场创造了新的机遇。

第二节 第三方市场合作中海外市场拓展的实现路径

通过第三方市场合作,相关合作参与企业可以获得政策支持、建立商业网络和开拓海外业务。在具体的合作过程中,受合作伙伴企业所在国政体、国体、国家政策、行业惯例以及历史、宗教、传统、习俗、道德准则等社会文化和企业的管理方式、运作模式、股权资金构成等影响,第三方市场合作参与企业进入合作伙伴企业优势市场的实现路径会有所不同。

首先,作为开放包容的合作平台,第三方市场合作能为企业获取更多的信息、资金和政策支持。在第三方市场合作中,合作企业来源国或所属行业对第三方市场合作给予关注,并积极提供信息、资金和政策支持,有利于企业通过第三方市场合作进入合作伙伴企业居于优势的市场,也更能激发中小企业产生利用第三方市场合作拓展海外市场的动力。在鼓励国内企业开展多角度、多层次的合作之余,第三方市场合作鼓励企业走出国门,与他国优秀企业合作。在第三方市场合作中,有关行业组织可以利用第三方市场合作平台为企业提供咨询和信息支持,合作国政府也利用第三方市场合作平台为参与合作的各方提供政策支持。鉴于此,在第三方市场合作中,企业能够紧跟政策导向,寻求拓展海外市场的发展机遇;借助政策支持,规避进入海外市场可能面临的政策障碍。

中国政府一直为参与第三方市场合作的各国企业积极提供政策支

持。中国在与各国签订第三方市场合作备忘录的同时，通过举办论坛等形式积极主动地与各国共同搭建第三方市场合作平台，为企业提供公共服务，为中外各类中小企业打开合作通道，为中外企业间的互动和进一步合作增添便利。阿丘斯公司利用第三方市场合作的机会，成功参与了2017年中国"一带一路"国际合作高峰论坛，积极响应习近平主席提出的"希望参与'一带一路'创新项目的各方携手合作、共同建设新'丝绸之路'战略构想"倡议，成功与正星科技签订战略合作协议。双方确认2018年在南京江北新区推广阿丘斯公司研发的Stor-H技术。在此之后，阿丘斯公司相继参加了2021年3月的"厦门—欧洲商务面对面交流会"和2021年4月的博鳌亚洲论坛，积极与中国企业建立、保持合作关系。阿丘斯公司借助第三方市场平台和中国的政策支持，在中国获得了广泛网络和资本的支持，成功规避了国际化经营障碍，实现了企业国际化发展目标。

其次，第三方市场合作帮助企业构建商业网络、结交合作伙伴。在第三方市场合作过程中，双方企业间较易形成初步的商业网络，利用已经建立的商业网络，与合作伙伴国的企业保持或建立新的业务联系；获取市场情报、当地专门知识和人力资源等，从而能够对对方企业进行较为准确的评估，推动日后的进一步合作。以往的研究表明，"过去的良好关系"是企业选择合作伙伴最重要的标准。① 企业在选择合作伙伴时

① J. Michael Geringer. *Strategic Determinants of Partner Selection Criteria in International Joint Ventures* [J]. Journal of International Business Studies, 1991, 22 (01): 41-62.

更愿意信赖熟人。① 合作双方基于先前的初步信任与合作伙伴继续保持业务联系或建立新的商业往来，进行经验、技术及信息分享，② 为日后进一步合作创造条件。③

第三方市场合作为新兴企业和目标市场之间搭建沟通联系平台，为日后的业务往来搭建基础。第三方市场合作作为有效包容的合作平台，在鼓励企业间多角度、多层次合作之余，也促进了企业走出国门，与他国优秀企业合作。例如，中国不仅与各国签订第三方市场合作备忘录，还积极与各国通过举办论坛等形式共同搭建第三方市场合作机制，为企业提供公共服务。由于进入一个市场可以让公司收集关于其他合作公司有价值的信息④，因此当企业在市场上相遇时，会产生共同的经验，并获得关于彼此行为的信息。⑤ 利用信息为自身企业发展获得更多机会。

---

① Jeffrey H. Dyer and Harbir Singh. *The Relational View: Cooperative Strategy and Sources of Interorganizational Competitive Advantage* [J]. Academy of Management Review, 1998, 23 (04): 660-679. Ranjay Gulati. *Does Familiarity Breed Trust? The Implications of Repeated Ties for Contractual Choice in Alliances* [J]. Academy of Management Journal, 1995, 38 (01): 85-112.

② Haveman H. A., Nonnemaker L. *Competition in multiple geographic markets: The impact on growth and market entry* [J]. Administrative Science Quarterly, 2000 (45): 232-267.

③ Stephan J., Murmann J. P., Boeker W., Goodstein J. *Bringing managers into theories of multimarket competition: Ceos and the determinants of market entry* [J]. Organization Science, 2003 (14): 403-421. Caves R. E., Porter M. E. *From entry barriers to mobility barriers: Conjectural decisions and contrived deterrence to new competition* [J]. Quarterly Journal of Economics, 1997 (91): 241-261.

④ Haveman H. A., Nonnemaker L. *Competition in multiple geographic markets: The impact on growth and market entry* [J]. Administrative Science Quarterly, 2000 (45): 232-267. Stephan J., Murmann J. P., Boeker W., Goodstein J. *Bringing managers into theories of multimarket competition: Ceos and the determinants of market entry* [J]. Organization Science, 2003 (14): 403-421.

⑤ Caves R. E., Porter M. E. *From entry barriers to mobility barriers: Conjectural decisions and contrived deterrence to new competition* [J]. Quarterly Journal of Economics, 1997 (91), 241-261.

合作伙伴企业之间还可在第三方市场合作的基础上达成后续合作协议，通过邀请或自助进入等方式，成功进入合作伙伴企业的优势市场，与原有或新的合作伙伴企业维持或建立合作关系，拓展市场业务。

日本贸易振兴机构对在非洲经商的日本公司的调查就是一个例证。该机构在调查中发现，65%的被调查公司认为，第三方市场合作的优势在于，利用已经建立的商业网络，与合作伙伴国的企业保持或建立新的业务联系；42.8%的公司认为通过第三方市场合作，利于推动与合作伙伴企业的其他联合项目的进展①。在对和日本企业进行第三方市场合作的德国企业进行调查时，也呈现同样的倾向。87%的德国公司表示，在日本有业务的主要原因是日本的高销售潜力，并且德国企业关注全球日本客户的销售潜力（54%）和战略重要性。

对发展中国家企业而言，通过第三方市场合作，可以与作为合作伙伴的发达国家企业建立长期合作关系。这一战略路径不仅关系到第三方市场合作项目本身的成败，还可能为新的市场机遇打开大门。由于进入发达国家的市场壁垒远远高于进入发展中国家，而第三方市场合作为企业提供了相互了解、接触的机会，即通过在第三国进行合作，双方企业能够了解对方的服务质量、技术和管理水平并建立信任。② 对于一些中小企业，与其他发达国家企业在第三方市场建立伙伴关系，也是获取优

---

① JETRO, Overseas Research Department, Middle East and Africa Division. 2019 *Survey on Business Conditions of Japanese Affiliated Companies in Africa*（*original title in Japanese*：アフリカ進出日系企業実態調査-2019 年度調査）［R/OL］. （2020-1-16）［2020-1-24］. https：//www. jetro. go. jp/ext_ images/_ News/releases/2020/dea99c70c5f8d086/1_0121. pdf.

② Fuentelsaz L., Gomez J. *Multipoint competition, strategic similarity and entry into geographic markets*［J］. Strategic Management Journal, 2006（27）：477-499. Haveman H. A., Nonnemaker L. *Competition in multiple geographic markets：The impact on growth and market entry*［J］. Administrative Science Quarterly, 2000（45）：232-267.

势地位并最终进入合作伙伴企业的优势市场前证明其服务和产品质量的关键一步。① 在新兴领域内的初创企业由于缺乏殷实的资本、广泛的商业网络资源、丰富的国际业务经验，难以在短期内获得其他（发达）国家和行业内的支持。因此，一些中小企业选择通过第三方市场合作平台与其他企业，尤其是来自发达国家的企业建立伙伴关系，并利用第三方市场合作的互动环节证明企业的服务和产品质量，从而顺利进入合作伙伴企业居于优势的发达国家市场。在这一互动过程中，第三方市场合作可以发挥拓展市场的作用，有助于合作双方企业日后在对方居于优势的市场开拓业务。

最后，第三方市场合作能为企业提供更多融资渠道，有助于企业拓展海外市场业务。拥有雄厚资金和政策支持的成熟跨国企业，希望规避高新技术领域的竞争风险，希望利用自身丰富的国际合作经验和商业网络资源涉足高科技领域。考虑到技术门槛、研发成本和直接投入风险，成熟的跨国企业更愿意在初步接触到有潜力的初创高新技术企业后，通过投资或收购的方式，扩大自身规模，完善自身全球商业网络布局，增强自身竞争力。在相关案例中，合作伙伴企业常通过收购、并购或投资等方式，为初创高新技术企业提供资金，为初创企业规避国际化经营障碍，创造国际化发展机遇。在第三方市场合作顺利完成后，真实视界于2020 年在向日本公司北欧忍者风险投资公司融资后进入了日本市场。在第三方市场合作接触之后，明智 4（Sensible 4）在北欧忍者风险投资（Nordic Ninja Venture Capital）的资金支持下与日本企业无印良品

---

① Masami Marbot. *Analysis of EU-Japan Business Cooperation in Third Countries* ［R/OL］. （2020-04-23）［2020-04-25］. https：//www. eu-japan. eu/sites/default/files/publications/docs/report_ masami_ marbot_ april_2020_0. pdf.

（MUJI）及软银 SB Drive 在日本开展自动穿梭巴士 GACHA 的合作项目。初创企业在第三方市场合作中拓宽了自身融资渠道，有效解决了拓展海外市场面临的资金障碍。成熟跨国企业在利用第三方市场合作实现产品升级和产业转型的同时，也为初创高新技术企业创造了拓展海外市场的机遇。

第三节　第三方市场合作中海外市场拓展的影响因素

若将第三方市场合作与企业进入合作伙伴企业优势市场的目标和效果作为分析维度，可以引入以下两个具有代表性的正反案例。这两个案例开展第三方市场合作均有五年以上的时间，对第三方市场合作与市场拓展效果具有充分的说服力。除此之外，两个案例涉及的领域和国家也不相同。将这两个案例进行对比研究，能够较为全面地揭示企业目标或意愿对通过第三方市场合作开展海外市场拓展的影响。

案例一为日本电报电话数据公司（NTT DATA）通过收购西班牙系统开发企业艾弗利斯公司（Everis Participaciones S. L.），成功拓展欧洲和拉美市场。在该案例中，第三方市场合作参与企业成功进入合作伙伴企业具有优势的市场。作为一家从事数据通信和系统构筑业务的日本企业，日本电报电话数据公司的市场业务主要集中在日本和美国。作为一家总部位于马德里的西班牙系统开发企业，艾弗利斯公司的市场业务遍布西班牙、比利时、意大利、葡萄牙、英国等欧洲国家和阿根廷、巴西、智利、哥伦比亚、墨西哥、秘鲁等拉美国家。为了加快业务全球化，拓展拉美等海外市场业务，日本电报电话数据公司于 2013 年开启对艾弗利斯公司的收购，后者于 2014 年 1 月成为日本电报电话数据公司的全资子公司。由于艾弗利斯公司在欧洲和拉美市场有成熟的商业网络，日本电报电话数据公司通过对艾弗利斯公司的收购获得了市场信息资源，增强了竞争力，从而实现了在欧洲和拉美市场拓展业务和市场的经营目标。

就在收购完成的当年，日本电报电话数据公司通过艾弗利斯公司在西班牙中标一个涉及约 500 万件艺术作品的数字存档技术方案开发项目，这些作品由负责保存西班牙王室遗产的政府机构国家遗产局（National Heritage）管理。这个为期两年的项目将充分利用日本电报电话数据公司的数字存档方案解决博物馆与图书馆的高级存档问题（Advanced Museum Library Archives Deposit，AMLAD™），有效管理存放于国家遗产局五个资源库中的藏品。这项委托表明，艾弗利斯公司拥有的欧洲基础设施业务经验及日本电报电话数据公司的数字存档技术获得了西班牙政府的高度认可。

不仅如此，日本电报电话数据公司和艾弗利斯公司还在 2016 年成功开发了智能 ICU 解决方案（EHCOS Smart ICU），大大节省了医护人员的时间，改善了 ICU 实时数据的监视和评估，并为患者提供最佳的护理。EHCOS Smart ICU 于 2016 年在西班牙塞维利亚的 Virgen del Rocio 大学医院进行了试点测试，结果令人满意。日本电报电话数据公司和艾弗利斯公司希望将来能在欧洲、非洲、北美洲和南美洲等地区继续扩展此类服务。

案例二为卡塔尔马来基集团（Al Malaki Group）与中国水电建设集团有限公司合作投资的巴基斯坦卡西姆港燃煤电站项目。在该案例中，第三方市场合作参与企业未进入合作伙伴企业具有优势的市场。中国水电建设集团有限公司在全球范围内提供工程和建筑服务,重点是可再生能源、火电和输电项目,还涉及道路、高速公路和港口建设。2015年,中国水电建设集团有限公司的子公司——中国水利水电资源有限公司与总部位于卡塔尔首都多哈的马来基集团签署了第三方市场合作协议,共同投资建设总投资规模约20.85亿美元的巴基斯坦卡西姆港燃煤电站项目。中方企业负责总投资的51%,主要负责建设和运营,其余业务则由马来基集团负责。

该项目是以BOO模式开发的大型火电项目,位于巴基斯坦港口城市卡拉奇市东南方约37公里处的卡西姆港口工业园区内,紧邻阿拉伯海沿岸滩涂。设计安装2台660兆瓦超临界燃煤发电机组,总装机容量为1320兆瓦,年均发电量约90亿度。电站燃煤来自印度尼西亚、南非等国的进口煤,通过海船运输至卸煤码头。灰渣采用汽车运输,电力以500千伏交流并入巴基斯坦国家电力主网。发电机组采用海水二次环流冷却和海水淡化补水,采用石灰石—石膏湿法脱硫,达到并远超巴基斯坦及世界银行环境保护标准。该电站三大主要设备均由中国公司制造,设备选用超临界参数机组,经济性高,保护功能完善。

该项目主体工程建设于2015年5月21日正式开始,两台机组分别于2017年11月10日和2018年1月15日并网发电,比计划分别提前了50天和75天。2018年4月12日,卡西姆港燃煤电站办理了临时移交证书,自2018年4月13日零时起正式移交运维,两台机组于2018年4月25日零时进入COD,比计划提前了67天。进入COD以来,受巴基斯坦电网薄弱、高温盐雾环境、周边油烟污染等不利因素影响,电站送出线路频繁跳闸,多次造成全厂停电、机组跳闸,在此极端工况下,电站未发生主设备事故、未发生人身伤害事故,机组经受住了严峻考验,充分体现了高水平的工程设计、建造质量和运维管理。

2017 年 6 月，中东地区局势风云突变，沙特阿拉伯、阿拉伯联合酋长国等国同时宣布与卡塔尔断交。断交风波的"蝴蝶效应"对卡西姆港燃煤电站项目也造成了一定影响，由于卡西姆港燃煤电站项目由中国水利水电资源有限公司和卡塔尔马来基集团共同出资建设，而卡西姆港发电公司前期设立的离岸账户在阿拉伯联合酋长国，为避免该账户被阿拉伯联合酋长国金融监管机构冻结，造成资金短缺影响卡西姆港燃煤电站工程建设的正常进行，卡西姆港发电公司决定在中国香港设立离岸账户。2019 年 10 月 24 日，该项目电站工程顺利通过完工验收。截至 2021 年 6 月，卡西姆港燃煤电站累计发电量已超过 145 亿度，在调整巴基斯坦的电源结构，降低发电成本，提高供电可靠性，缓解巴基斯坦电力短缺的局面，改善民生等方面发挥了重要作用。不过，卡塔尔马来基集团并未通过卡西姆港燃煤电站的第三方市场合作项目进入中国市场。

在第三方市场合作中，企业能否进入合作伙伴企业的优势市场，首先取决于企业是否在合作中具有此类目标。企业是否将进入合作伙伴企业的优势市场作为第三方市场合作的动机，企业的战略目标或业务范围是否愿意涵盖合作伙伴企业优势市场，是决定企业能否通过第三方市场合作实现海外市场拓展的关键因素。若合作伙伴企业中至少一方有意通过在第三方市场合作增进合作伙伴企业之间的交流，促进其他项目的商业合作，并表现出对对方优势市场的兴趣和进入意图，那么第三方市场合作将有利于推动合作伙伴企业拓展海外市场。在日本电报电话数据公司对业务范围遍布欧洲和拉美的西班牙艾弗利斯公司进行收购的案例中，日本电报电话数据公司在开启收购前就已有意向通过此举获取欧洲和拉美的市场信息资源，增强自身竞争力，从而实现在欧洲和拉美拓展市场的战略目标。

在第三方市场合作中，往往在合作伙伴企业一方希望进入另一方居于优势的市场的同时，另一方也希望将伙伴企业引入自身居于优势的市场。创建于芬兰的 MaaS Global 公司，业务范围原本主要分布于英国、比利时和奥地利等国，在本田、松下、欧姆龙和日本国际合作银行的支持下，日本企业北欧忍者风险投资（Nordic Ninja VC）对 MaaS Global 公司及其旗下移动应用程序 Whim 进行投资，成功地将 MaaS Global 公司和其旗下移动应用程序 Whim 引入日本市场，并将其打造为日本最知名的芬兰创业品牌。在中法企业第三方市场合作中，其实也有类似情况。法国—瑞士环保能源创新企业阿丘斯（AAQIUS）公司承诺通过实施经济、工业、科学和文化等方面的重大项目，为亚洲、欧洲和非洲之间的贸易合作交流注入新活力。在 2017 年 5 月的首届"一带一路"国际合作高峰论坛上，中国企业正星科技与阿丘斯公司达成战略合作协议，双方将在"一带一路"框架下大力拓展新一代绿色能源应用，开展深入合作。2017 年 9 月，两家公司又进一步确定了以氢能源为主的清洁能源合作项目。在上述协议中，双方同意在南京江北新区成立阿丘斯—正星（AAQIUS-CENSTAR）专项研究组，目的是确定阿丘斯公司所研发的 STOR-H 技术在该区域部署所需的技术经济条件。阿丘斯公司与南京江北新区签署的协议约定 STOR-H 技术于 2018 年进入中国市场。① 阿丘斯公司通过与正星科技建立合作伙伴关系，加快欧洲和中国在能源转型方面的合作，从而通过 STOR-H 技术在中国拓展阿丘斯公司的生态系统。

---

① 相关信息参见阿丘斯公司官网：http://www.aaqius.com/site/wp-content/uploads/2017/06/CP_OBOR_CH.pdf.

　　与此相反，若企业没有通过第三方市场合作进入合作伙伴优势市场的目标或意愿，或者企业业务未覆盖合作伙伴企业优势市场，则第三方市场合作对于拓展海外市场的促进作用并不明显。例如，中国水利水电资源有限公司和卡塔尔马来基集团对巴基斯坦卡西姆港燃煤电站项目进行第三方市场合作前后，卡塔尔马来基集团从未设定拓展中国市场的经营目标。自2015年以后，尽管双方在巴基斯坦的第三方市场合作有长达四年的项目运行期，但时至今日，卡塔尔马来基集团尚未在中国市场拓展业务。此类现象并非个案。2019年6月，日本老牌贸易公司丸红株式会社牵头对英国太阳能设备企业艾锐光公司（Azuri Technologies）投资2600万美元，共同开发应用于非洲市场的即用即付太阳能技术。艾锐光公司希望通过在非洲推广此项技术，为离网家庭提供即用即付太阳能家庭解决方案，从而实现现代清洁能源在非洲的普及，解决非洲日益增长的能源需求。由于艾锐光公司的太阳能技术主要的市场业务面向的是低收入国家农村家庭，因此该公司目前并没有进入日本市场发展的打算。①

　　在第三方市场合作中，尽管参与企业是否有目标或意愿进入合作伙伴企业的优势市场对于海外市场拓展效果有较大影响，但企业的目标或意愿并非唯一的影响因素。企业的行业性质也会对海外市场拓展效果产生影响，即企业所在的行业属性在第三方市场合作中会产生不同的海外市场拓展效果。创新行业（如互联网、数据分析、环保新能源等）企业通过第三方市场合作进入合作伙伴企业居于优势的市场较为容易。引入方企业若来自发达国家，往往拥有丰富的商业网络资源、资金与政策

---

　　① 相关信息参见艾锐光公司官网：https://www.azuri-group.com/bccj-partnership-award/.

支持、国际合作经验，通过第三方市场合作接触全球新兴领域内的技术和创新公司，然后引入对方企业进入本国市场，不仅降低了对方企业拓展海外市场的风险成本和不确定性，也能为引入方企业带来更多的合作机会和市场业务。

日本电报电话数据公司通过收购西班牙系统开发企业艾弗利斯公司进入欧洲和拉美市场。北欧忍者风险投资（Nordic Ninja V. C.）通过投资芬兰交通服务和移动应用程序开发商 MaaS Global 将后者引入日本市场。开发环保新能源的法国—瑞士阿丘斯公司（AAQIUS）在中法第三方市场合作框架下和中国正星科技合作，并将市场业务拓展到南京江北新区。以上案例均属于创新行业企业通过第三方市场合作拓展海外市场。

相比之下，传统行业（如传统能源、物流运输、基础设施建设等）企业通过第三方市场合作进入合作伙伴企业优势市场的案例比较少见。当然，这一结论需要考虑行业发展的历史长短。早在进行第三方市场合作前，很多传统行业企业即已通过其他渠道拓展合作伙伴企业的优势市场，第三方市场合作往往是这类企业基于既有合作经历新启动的合作项目。例如，美国通用电气公司与中国机械工程公司近年来在巴基斯坦、孟加拉国、尼日利亚、安哥拉、肯尼亚、科特迪瓦等亚洲和非洲国家开展了多个第三方市场合作项目，而美国通用电气公司与中国的贸易往来可以追溯到 1906 年。换言之，美国通用电气公司并不需要通过与中国公司的第三方市场合作拓展中国市场。

不仅企业所属的行业性质，企业所在国的政体、国体、国家政策、行业惯例、社会文化（如历史、宗教、传统、习俗、道德准则等）和企业的管理方式、运作模式、股权资金构成也会影响企业通过第三方市场合作拓展海外市场的效果。与中国水利水电资源有限公司在巴基斯坦共建卡西姆港燃煤电站的卡塔尔马来基集团就受到这些因素的较大影响。首先，作为一个世袭君主制政体的阿拉伯国家，马来基集团的母国卡塔尔禁止任何国内政党活动，并且与周边多国关系紧张。2017 年，巴林、沙特阿拉伯、阿拉伯联合酋长国、埃及、也门、利比亚六国以及南亚的马尔代夫、非洲的毛里求斯指责卡塔尔支持恐怖主义并破坏地区安全局势，宣布与卡塔尔断绝外交关系，造成中东地区近年来最严重的外交危机。这种紧张的外交局面不利于该国企业通过第三方市场合作拓宽海外业务范围。其次，卡塔尔将伊斯兰教作为国教，国民以逊尼派穆斯林为主，该国企业更倾向于在海湾国家和欧美国家进行贸易和投资活动，这也可以解释为什么在与中国企业成功进行第三方市场合作后，马来基集团并未将海外业务拓展到中国市场。最后，马来基集团由卡塔尔皇室掌管，相较于其他商业公司，该公司未将盈利和市场拓展作为第三方市场合作的重点和主要战略目标。

企业所属行业和所在国提供的资金、信息和平台支持也会提升第三方合作的海外市场拓展效果。在第三方市场合作中，若参与合作的伙伴企业双方所在国或所属行业对第三方市场合作予以关注，积极提供资金、信息和交流平台搭建等支持，则更有利于企业通过第三方市场合作进入合作伙伴企业的优势市场。中国政府在与各国政府签订第三方市场合作备忘录的同时，往往通过与各国举办论坛等形式共同搭建第三方市场合作平台，为企业提供公共服务。得益于中法两国政府 2015 年关于第三方市场合作的联合声明和 2017 年 5 月的首届"一带一路"国际合作高峰论坛等平台，如法国—瑞士阿丘斯公司（AAQIUS）与中国正星科技在中国市场进一步合作，最终将阿丘斯公司研发的以氢能源为主的清洁能源 STOR-H 技术引入南京江北新区。①

通过收购、并购和投资等方式，企业更容易借助第三方市场合作进

---

① 相关信息参见阿丘斯公司官网：http://www.aaqius.com/site/wp-content/uploads/2017/06/CP_censtar_chinois.pdf.

入合作伙伴企业优势市场。总部位于英国伦敦的真实视界（Realeyes）于 2020 年 10 月接受日本企业北欧忍者风险投资（Nordic Ninja VC）、NTT Docomo 和 Global Brain 等 1240 万美元的融资，之后得以进入日本市场。① 日本电报电话数据公司也是通过收购西班牙艾弗利斯公司得以拓展欧洲和拉美市场。相比之下，第三方市场合作的其他方式，如产品服务合作（合作伙伴企业在设备采购、认证许可、法律商务咨询领域合作，为第三方客户提供整体解决方案）、工程合作（合作伙伴企业通过总分包或联合竞标等方式，共同在第三方市场开展项目）和产融结合等方式对推动第三方市场合作的海外市场拓展效果相对较小。不过，阿丘斯公司与中国正星科技的合作虽然并未采取收购、投资或并购等模式，但前者也成功拓展了中国市场。

企业通过第三方市场合作拓展海外市场的影响因素还包括第三方市场合作的时间长短、合作深入程度、进行后续合作的时间是否充足和是否进行其他层面合作等。例如，在法国政府机构 Business France 的推动下，日本企业 Azusa Sekkei 和法国企业 Ingérop 于 2018 年 4 月 25 日宣布结成"战略联盟"。② 双方均表示，这种合作是出于拓展市场业务地理范围的愿望，Ingérop 拓展亚洲市场，而 Azusa Sekkei 拓展欧洲和非洲市场，尤其是法语国家市场。③ 不过，由于合作时间较短，合作伙伴企业双方目前尚未进入合作伙伴企业居于优势的市场。

与此相似，法国物联网技术开发和信息安全企业 IoTerop 于 2019 年与日本企业 ACCESS Systems 签署了在东南亚的第三方市场合作协议，

---

① 相关信息参见北欧忍者官网：https：//nordicninja. vc/realeyes/.

② EU-Japan Center for Industrial Cooperation. *A Long Collaboration France & EU-Japan* [R/OL]. (2019-12-03) [2020-4-23]. https：//www. eu-japan. eu/sites/default/files/imce/ingerosec_eu-japan_center_20191203. pdf.

③ 相关信息参见 Ingérop 官网：https：//www. ingerop. fr/en/news/worlds-largest-concert-hall-taking-shape-tokyo.

促进了 IoTerop 在东南亚的业务拓展。不仅如此，IoTerop 还希望通过与日本企业在东南亚的合作获得市场情报和业务开发专业知识，最终目标是进入日本市场。① 然而，由于合作时间较短及新冠肺炎疫情等限制因素，IoTerop 目前尚未进入日本市场。此外，在第三方市场合作中，合作伙伴企业间的合作层次越多、合作越广泛深入，拓展海外市场的效果往往越突出。

表 4　企业通过第三方市场合作是否拓展海外市场的影响因素

拓展海外市场	未拓展海外市场
1. 合作伙伴企业至少一方有明确坚定的拓展市场的战略目标，将第三方市场合作作为打开合作伙伴企业优势市场的敲门砖，抓住机会合理利用。 2. 行业集中在创新领域，如人工智能、互联网、数据分析等。希望进入对方市场或吸引对方进入本国市场实现本企业技术更新、市场扩大或推动本国创新发展等目的。 3. 双方需求互补：想尽快通过第三方市场合作的方式进入对方国市场，或将对方企业引入本国市场发展。 4. 在第三方合作过程中一般通过投资、并购、收购等方式与对方企业进行合作（不存在资金短缺问题，战略目的大于短期资金考量）。 5. 有强大的政策导向推动：政策提供合作平台和资金支持	1. 没有明确目标：合作伙伴企业中至少有一方受到特殊的国情、政策、宗教或历史传统影响，未将通过第三方市场合作进入对方国市场作为目标。 2. 行业具有敏感性、复杂性、排他性或利益周期长、前期投入大等特点。 3. 业务区域并不涵盖对方（合作企业）范围。 4. 合作时间较短，合作尚不充分，未来或许有较大的合作空间②

---

① 相关信息参见 IoTerop 官网：https：//ioterop. com/iot‐device‐management‐leader‐ioterop‐raises‐e1‐5‐million/.

② 时间长短并非解释第三方市场合作与市场准入结果的必要条件，因为存在时间短但顺利进入对方市场的反例。（如业务分布在英国、比利时和奥地利的日本风险投资公司 NordicNinja VC 于 2019 年 5 月对创建于芬兰的 MaaS Global 和其旗下移动应用程序 Whim 进行了首次投资，帮助 MaaS Global 业务国际化并协助其进入日本市场发展。并且在 NordicNinja VC 的投资帮助下，MaaS Global 和其移动应用程序 Whim 已经成为日本最知名的芬兰创业品牌。）相关信息参见 Whim 官网和北欧忍者风险投资官网：https：//whimapp. com/about‐us/；https：//nordicninja. vc/first‐ninja‐investment‐maas‐global/.

第四节 第三方市场合作的局限性

第三方市场合作充分发挥不同国家间的比较优势特征，利用不同国家的产能优势与先进技术之间的互补性，将产业发展新趋势与广大发展中国家的发展需求进行有效对接，协调不同产业发展，协同发挥个体差异化优势，利用技术互补形成新的产业有机体，从而实现互利多赢、利益共享、风险共担的积极效应。在具体操作过程中，第三方市场合作还能帮助企业拓展市场业务，切实规避企业可能面临的国际化经营风险。然而，第三方市场合作也面临传统项目特征、初创企业国际化风险管控能力弱和引入方信息审查等局限性。

第一，涉及基础设施建设的第三方市场合作项目难度高，对于希望利用第三方市场合作实现企业国际化的初创企业吸引力小。第三方市场合作是在"一带一路"背景下的国际经贸合作模式。企业根据项目特点和需要，以市场为导向，联合他国企业共同在第三方国家市场为项目落地提供整体解决方案，实现优势互补，促进项目高效运作。目前，第三方市场合作主要有产品服务类、工程合作类、投资合作类、产融结合类、战略合作类五种类型，合作项目一般涉及基础设施、能源、交通等行业。这些项目具有建设周期长、环节多、投资额大、风险因素多和人力技术经验要求严格的特点。第三方市场合作的很多项目是在发展中国家进行基础设施建设，很多企业尤其是中小企业由于自身的行业属性以及资金、人力及物力的限制，并不会为了拓展海外市场业务而积极参与其中。除此之外，企业尤其是中小企业如以拓展海外市场业务为目标参加第三方市场合作，可能引发诸如恶意竞标、缺乏业务风险控制等不理智决策行为。

根据中国国家发展和改革委员会 2019 年给出的《第三方市场合作和案例》的报告，不难发现，由中方参与第三方市场合作的企业主要为中国铁路工程集团有限公司、中国铁建股份有限公司、中国能源建设集团有限公司、中国通用技术（集团）控股有限责任公司、中国电力建设集团有限公司、中国化工集团有限公司等大型基础设施建设类的国资企业，资金和经验短缺使初创高新技术企业难以参与到工程类或战略合作类的第三方市场合作项目中。① 2018 年 10 月中日首脑会谈时确定了 52 个具体项目，作为中日第三方市场合作论坛达成的合作协议，由泰国正大集团、日本伊藤忠商社和中国中信集团承建的泰国东部经济走廊（EEC）合作被列为旗舰型项目。然而，由于考虑到建设费用过高、亏损严重，日本企业伊藤忠商社于 2018 年年底最终退出了该计划。② 也就是说，初创企业在准备扩展海外市场时并不会选择利用难度过高的第三方市场合作项目。传统领域内的第三方市场合作吸引力较弱，难以有效发挥其企业国际化效应。

第二，初创企业国际化风险管控能力弱。尽管从长远来看，国际化为初创企业扩大产品市场、增加生存机会提供了机遇，但是，初创企业在国际化的过程中仍旧会面临失败的风险。第三方市场合作为企业在进

---

① 中华人民共和国国家发展和改革委员会. 国家发展改革委发布《第三方市场合作指南和案例》［EB/OL］.（2019-09-04）［2020-04-27］. https：//www. ndrc. gov. cn/fzggw/jgsj/wzs/sjjdt/201909/t20190904_1037022. html？code＝&state＝123.

② 日经中文网. 中日第三国合作中消失的泰国高铁项目［EB/OL］.（2019-12-14）［2020-04-28］. https：//ivomzm. smartapps. cn/pages/BDLongText/BDLongText？oid＝Wdb9xGhdwpZ1o4fUuO21c4JP71kJ7EblxBA0iyIfGh8%3D.

入目标国市场前减少了一定的政治环境、文化环境、经济环境的不确定性，但是在面对外部竞争激烈的国际市场和内部供应链人力资源等风险时，企业在国际化初期仍会面临盈利能力下降等挑战。① 若第三方合作项目本身风险较大，那么以国际化为目标继而参加第三方市场合作的企业也将面临较大的经营风险。首先，第三方市场合作的机制建立进展缓慢，不确定因素较多，复杂程度高，风险较大，需要合作双方在具体项目中灵活处理角色定位、贡献大小、双方预期、利益分配等问题。企业国际化效应的有效发挥建立在第三方市场合作顺利进行、双方企业共同克服实际中遇到的各种问题的基础上。其次，第三方国家国内政局动荡、国家政府办事效率不高，配套工作进度相对滞后，或者与项目有关的供水、供电、海关、物流设施等配套生产生活设施不到位，项目建设运营不利，使得第三方市场合作下企业国际化面临风险。2017 年 6 月，中东地区局势风云突变，沙特阿拉伯、阿拉伯联合酋长国等国同时宣布与卡塔尔断交。断交风波的"蝴蝶效应"对由中国水利水电资源有限公司和卡塔尔马来基集团共同出资建设的卡西姆港燃煤电站造成了一定影响。最后，利用第三方市场合作实现企业国际化目标的企业战略不清晰，一些项目匆忙决策，造成国际化盲动，存在恶意竞标获取合作资格。缺乏业务风险控制，导致后期财务压力大，企业经营困难等企业内部发展风险。

若成熟跨国企业想通过第三方市场合作吸引初创高新技术企业进入国内发展，在考虑经济和政治收益时必然面临对合作方资质审查的两难困境。为了保障第三方市场合作的经济收益和政治考量，希望利用第三

---

① Jane W. Lu and Paul W. Beamish. *The Internationalization and Performance of SMEs* [J]. Strategic Management Journal, 2001, 22 (6–7): 565–86.

方市场合作吸引初创高新技术企业来国发展的成熟跨国企业需要对合作伙伴进行严谨的资质审查。资质审查过于严格可能无法招募到合作伙伴企业，资质审查过松则可能面临对合作方资质审查出现问题，不利于第三方市场合作的顺利进行，不利于实现第三方市场合作的经济收益和政治收益，更不利于发挥第三方市场合作的国际化效应。在泰国东部经济走廊第三方市场合作中，存在着中方企业前期对日方企业合作意向审核的问题，这导致第三方市场合作后期出现合作伙伴企业退出的情况。从长远来看，在第三方市场合作中，企业对合作方资质审核存在问题也可能造成合作项目存在缺陷。2021 年，泰国学者在《曼谷商报》中指出泰国东部经济走廊（EEC）存在基建项目投资过大造成浪费等六大缺陷。① 除此之外，若来自发达国家的企业在第三方市场合作框架下将合作伙伴企业引入本国市场，双方在后续合作中仍将面临不确定性带来的较大风险。

目前，中国正积极参与全球治理体系改革和建设，努力为全球治理体系的发展贡献中国智慧、提供中国方案。鉴于第三方市场合作尚存上述局限，因此政府和行业需要对第三方市场合作进行更加细致的管理和协调，为企业尤其是中小企业和初创高新技术企业提供更多关于第三方市场合作的信息和政策支持，深入挖掘第三方市场合作产生的海外市场拓展效用。对此予以更多关注，有助于在双边和多边层面突破制约"一带一路"国际合作的结构性瓶颈，获得推动"一带一路"国际合作的新动能。

---

① 中华人民共和国商务部. 泰学者指出泰国东部经济走廊六大缺陷［EB/OL］.（2021-05-11）［2021-05-17］. http：//topic. mofcom. gov. cn/article/i/dxfw/cj/202105/20210503060113. shtml.

结 语

近十年来，在"一带一路"国际合作的发展历程中，中国及沿线众多国家共同努力，已经创造了令人所瞩目的成就。在物质层面，"一带一路"国际合作在政策沟通的基础上，以基础设施互联互通为先导，不断推动贸易投资自由化，各国通过互利共赢的泛区域合作共享经济发展成果。不过，"一带一路"国际合作并不仅限于物质层面的经济合作，而是着眼于更长远的价值层面。"一带一路"国际合作代表了一种新型的发展理念。这种发展理念致力于通过世界各国共商、共建、共享的合作模式构建互利共赢的人类命运共同体。"一带一路"国际合作正是人类命运共同体的具体实践。

就此而言，在继续夯实物质层面合作的同时，"一带一路"国际合作也承载了一种价值层面的高级追求，即一个企业要实现市场业务的拓展，必定是与其他企业的携手共进；一个国家要实现可持续发展，必定依托于世界各国共同的繁荣发展。从企业之间的第三方市场合作，到国家之间的互联互通，作为一种泛区域合作模式，"一带一路"国际合作并不刻意以正式的国际机制平台为载体。不过，就在"一带一路"国际合作向前推进的实践过程中，作为共商、共建、共享的合作平台与共同价值理念的制度载体，国际机制也开始呈现水到渠成的发展态势。在这期间，重大的里程碑式事件包括：

一是"一带一路"倡议的正式提出。2013年9月，习近平就任国家主席后首次面向中亚国家发表演讲，提出建设"丝绸之路经济带"。同年10月，习近平主席在印度尼西亚国会发表演讲，深刻阐述了21世纪"海上丝绸之路"构想。

二是对"一带一路"国际合作的明确定义和阐释。2015年3月，国家发展改革委、外交部、商务部联合发布了《推动共建丝绸之路经济带和21世纪海上丝绸之路的愿景与行动》，从时代背景、共建原则、框架思路、合作重点、合作机制、中国各地开放态势、中国积极行动、共创美好未来八个部分，对"一带一路"国际合作进行了详细的阐释。

三是亚洲基础设施投资银行的成立，为"一带一路"国际合作提供了金融支持。2015年12月，由中国倡议成立、57国共同筹建的亚洲基础设施投资银行正式成立，这是首个由中国倡议设立的多边金融机构。随着亚投行的成立，"一带一路"国际合作开始产生全球效应，呈现可持续发展的前景。

四是2017年与2019年举行的两届"一带一路"国际合作高峰论坛。这是以"一带一路"为核心议题的高端多边国际会议机制，众多国家的国家元首和政府首脑首次在共同的机制平台上就"一带一路"国际合作进行最高层次的直接沟通，为"一带一路"国际合作提供更可靠的政策沟通保障。

时至今日，"一带一路"国际合作已算不上新生事物。然而，"一带一路"国际合作既不是过去时，也不是完成时，仍然是进行时。"一带一路"国际合作正在不断推进的过程中，未来尚有广阔的空间有待开拓。而从亚投行到高峰论坛,"一带一路"国际合作已呈现机制化的发展趋势。这种机制化既是合作不断向前推进的产物,也必将成为未来合作的推进器。

"一带一路"国际合作也是中国特色大国外交非常重要的实现路径。如果用几个关键词来概括中国特色大国外交,一是人类命运共同体;二是正确的义利观;三是互利共赢。坦率而言,以往的经济全球化在互利共赢方面有所欠缺。在世界范围内,一部分国家受益,而另一部分国家受损。在同一个国家内部,一部分人群受益,而另一部分人群受损。这也是最近数年民粹政治与逆全球化在一些国家兴起的主要原因。中国特色大国外交倡导的发展理念,就是将一国的繁荣发展建立在世界各国共同繁荣发展的基础之上。无论是企业之间的第三方市场合作,还是国家之间的"五通","一带一路"国际合作正是中国特色大国外交有关发展理念的生动实践。通过有效的国际合作,世界各国携手将经济发展的"蛋糕"越做越大,每个国家分得的份额也就越来越多。着眼于更高层面的外交与国际关系,倘若企业不分国界、国家大小,均能享受共同的繁荣与发展,以发展促安全、以发展保和平,也将不再是遥不可及的理想。

参考文献

中文部分

［1］格·萨塔罗夫. 叶利钦时代［M］. 北京：东方出版社，2002.

［2］米·谢·戈尔巴乔夫. 戈尔巴乔夫回忆录［M］. 北京：社会科学文献出版社，2003.

［3］尼·别尔嘉耶夫. 俄罗斯思想［M］. 北京：生活·读书·新知三联书店，1996.

［4］海伦·米尔纳. 利益、制度与信息：国内政治与国际关系［M］. 曲博，译. 上海：上海世纪出版集团，2010

［5］亨利·R. 赫坦巴哈. 俄罗斯帝国主义的起源［M］. 吉林师范大学历史系翻译组，译. 北京：生活·读书·新知三联书店，1978.

［6］亨利·基辛格. 美国的全球战略［M］. 海南：海南出版社，2012.

［7］罗伯特·基欧汉，约瑟夫·奈. 权力与相互依赖［M］. 北京：北京大学出版社，2002.

［8］罗伯特·吉尔平. 国际关系政治经济学［M］. 上海：上海人民

出版社，2006.

　　[9] 彭慕兰，史蒂文·托皮克. 贸易打造的世界：1400 年至今的社会、文化与世界经济［M］. 黄忠宪，吴莉苇，译. 上海：上海人民出版社，2018.

　　[10] 托尼·朱特. 战后欧洲史（卷 4）——旧欧洲 新欧洲 1989—2005［M］. 北京：中信出版社，2014.

　　[11] 约瑟夫·奈. 美国霸权的困惑：为什么美国不能独断专行［M］. 郑志国，译. 北京：世界知识出版社，2002.

　　[12] 安格斯·罗克斯伯勒. 强权与铁腕——普京传［M］. 北京：中信出版社，2014.

　　[13] "一带一路"国际合作高峰论坛重要文辑［M］. 北京：人民出版社，2017.

　　[14] 曹莜阳. 中美博弈："亚太再平衡"与"一带一路"［M］// 张洁. 中国周边安全形势评估（2016）——"一带一路"：战略对接与安全风险. 北京：社会科学文献出版社，2016.

　　[15] 陈乐民. 20 世纪的欧洲［M］. 北京：生活·读书·新知三联书店，2012.

　　[16] 国家发展改革委，外交部，商务部. 推动共建丝绸之路经济带和 21 世纪海上丝绸之路的愿景与行动［M］. 北京：人民出版社，2015.

　　[17] 胡键. "一带一路"战略构想及其实践［M］. 北京：时事出版社，2016.

　　[18] 胡晓鹏，等. "一带一路"倡议与大国合作新发展［M］. 上海：上海社会科学院出版社，2018.

［19］李志永.“走出去”与中国海外利益保护机制研究［M］.北京：世界知识出版社，2015.

［20］刘军，毕洪业.俄欧关系与中国欧亚战略［M］.北京：时事出版社，2015.

［21］庞中英.全球治理的中国角色［M］.北京：人民出版社，2016.

［22］戚建国.同舟共济 共享安全［M］//中国军事科学学会国际军事分会.亚太地区安全：新问题与新思路.北京：军事科学出版社，2014.

［23］秦亚青.全球治理：多元世界的秩序重建［M］.北京：世界知识出版社，2019.

［24］秦玉才，等.“一带一路”读本［M］.杭州：浙江大学出版社，2015.

［25］时殷弘.国际政治与国家方略［M］.北京：北京大学出版社，2006.

［26］田野.国际关系中的制度选择：一种交易成本的视角［M］.上海：上海人民出版社，2006.

［27］王义桅.“一带一路”：机遇与挑战［M］.北京：人民出版社，2015.

［28］王志民.“一带一路”的地缘背景与总体思路［M］.北京：北京出版集团，2018.

［29］吴心伯.美国的亚太战略［M］//周方银.大国的亚太战略.北京：社会科学文献出版社，2013.

［30］习近平.决胜全面建设小康社会 夺取新时代中国特色社会主

义伟大胜利 [M]. 北京：人民出版社，2017.

[31] 习近平. 论坚持推动构建人类命运共同体 [M]. 北京：中央文献出版社，2018.

[32] 习近平. 齐心开创共建"一带一路"美好未来——在第二届"一带一路"国际合作高峰论坛开幕式上的主旨演讲 [M]. 北京：人民出版社，2019.

[33] 薛力. 人类命运共同体：世界治理新方案 [M] //邓纯东. 人类命运共同体思想研究. 北京：人民日报出版社，2018.

[34] 英瓦尔·卡尔松，什里达特·兰达尔. 天涯城比邻——全球治理委员会的报告（节选）[M]. 谢来辉，译//杨雪冬，王浩. 全球治理. 北京：中央编译出版社，2015.

[35] 张洁. 中国周边安全形势评估："一带一路"与周边战略（2015）[M]. 北京：社会科学文献出版社，2015.

[36] 张洁. 中国周边安全形势评估——"一带一路"：战略对接与安全风险（2016）[M]. 北京：社会科学文献出版社，2016.

[37] 张洁. 中国周边安全形势评估：大国关系与地区秩序（2017）[M]. 北京：社会科学文献出版社，2017.

[38] 张宇燕. 世界格局在2018年的多重变奏 [M] //张宇燕. 全球政治与安全报告（2019）. 北京：社会科学文献出版社，2019.

[39] 中共中央宣传部. 习近平总书记系列重要讲话读本 [M]. 北京：学习出版社，2014.

[40] 邹磊. 中国"一带一路"战略的政治经济学 [M]. 上海：上海人民出版社，2015.

[41] 努尔朗·耶尔梅克巴耶夫. 亚洲安全问题 [J]. 张宁，译，

俄罗斯东欧中亚研究，2007（05）.

［42］陈凌岚，沈红芳. 东亚货币金融合作的深化：从"清迈倡议"到"清迈倡议多边化"［J］. 南亚纵横，2011（05）.

［43］崔白露，王义桅."一带一路"框架下的北极国际合作：逻辑与模式［J］. 同济大学学报（社会科学版），2018，29（02）.

［44］丁煌，王晨光. 正确义利观视角下的北极治理和中国参与［J］. 南京社会科学，2017（05）.

［45］房乐宪，关孔文. 欧盟对华新战略要素：政策内涵及态势［J］. 和平与发展，2017（04）.

［46］金玲."一带一路"：中国的马歇尔计划［J］. 国际问题研究，2015（01）.

［47］金应忠. 试论人类命运共同体意识——兼论国际社会共生性［J］. 国际观察，2014（01）.

［48］李峰，洪邮生. 微区域安全及其治理的逻辑——以"一带一路"倡议下的"大湄公河微区域"安全为例［J］. 当代亚太，2019（01）.

［49］李巍，张玉环. 美国自贸区战略的逻辑——一种现实制度主义的解释［J］. 世界经济与政治，2015（08）.

［50］李新. 普京欧亚联盟设想：背景、目标及其可能性［J］. 现代国际关系，2011（11）.

［51］卢光盛，张励. 澜沧江—湄公河合作机制与跨境安全治理［J］. 南洋问题研究，2016.

［52］卢静. 当前全球治理的制度困境及其改革［J］. 外交评论（外交学院学报），2014，31（01）.

[53] 罗圣荣, 聂姣. 印度视角下的孟中印缅经济走廊建设 [J]. 南亚研究, 2018 (03).

[54] 秦亚青. 国际关系理论的核心问题与中国学派的生成 [J]. 中国社会学, 2005 (03).

[55] 秦亚青. 全球治理失灵与秩序理念的重建 [J]. 世界经济与政治, 2013 (04).

[56] 谈谭. 中国主导湄公河次区域国际公共产品供给的路径分析——以中老缅泰四国湄公河联合巡逻执法为例 [J]. 同济大学学报 (社会科学版), 2017, 28 (04).

[57] 王海燕. "一带一路"视域下中亚国家经济社会发展形势探究 [J]. 新疆师范大学学报 (哲学社会科学版), 2015.

[58] 王明国. 全球治理机制碎片化与机制融合的前景 [J]. 国际关系研究, 2013 (05).

[59] 王毅. 探索中国特色大国外交之路 [J]. 人民论坛, 2013 (22).

[60] 王志民, 陈远航. 中俄打造"冰上丝绸之路"的机遇与挑战 [J]. 东北亚论坛, 2018, 27 (02).

[61] 王志民, 陈宗华. "一带一路"建设的七年回顾与思考 [J]. 东北亚论坛, 2021, 30 (01).

[62] 魏玲. 关系平衡、东盟中心与地区秩序演进 [J]. 世界经济与政治, 2017 (07).

[63] 魏玲. 小行为体与国际制度——亚信会议、东盟地区论坛与亚洲安全 [J]. 世界经济与政治, 2014 (05).

[64] 吴大辉. "冰上丝绸之路": "一带一路"的新延伸 [J]. 人

民论坛，2018（09）.

[65] 邢鸿飞，王志坚. 湄公河水安全问题初探［J］. 世界经济与政治论坛，2019（06）.

[66] 熊李力，龙丝露. 日本加入 TPP 谈判的动机及其影响［J］. 现代国际关系，2013（09）.

[67] 徐秀军. 制度非中性与金砖国家合作［J］. 世界经济与政治，2013（06）.

[68] 杨洁篪. 新形势下中国外交理论和实践创新［J］. 求是，2013（16）.

[69] 杨权. 全球金融动荡背景下东亚地区双边货币互换的发展——东亚金融合作走向及人民币角色调整［J］. 国际金融研究，2010（06）.

[70] 姚遥，贺先青. 孟中印缅经济走廊建设的现状及前景［J］. 现代国际关系，2018（08）.

[71] 衣保中，张洁妍. 东北亚地区"一带一路"合作共生系统研究［J］. 东北亚论坛，2015，24（03）.

[72] 周士新. 澜沧江—湄公河合作机制：动力、特点和前景分析［J］. 东南亚纵横，2018（01）.

[73] 周士新. 中国安全外交与地区多边机制［J］. 国际安全研究，2014，32（06）.

[74] 聂伟柱. 银行累计办理跨境贸易人民币结算量 3.8 万亿元［N］. 第一财经日报，2012（09）.

[75] 张琳娜. 俄罗斯智库评价"一带一路"战略［N］. 学习时报，2015（05）.

[76] 郑海青. 东亚区域内金融一体化如何提速 [N]. 第一财经日报, 2008 (08).

英文部分

[1] Alexander Wendt. Social Theory of International Politics [M]. Cambridge: Cambridge University Press, 1999.

[2] Bobo Lo. Vladimir Putin and the Evolution of Russian Foreign Policy [M]. Oxford, UK: Blackwell Publishing, 2003.

[3] Brian C. Rathbun. *Trust in International Cooperation* [M]. Cambridge: Cambridge University Press, 2012.

[4] Dimitri Simes. After the Collapse: Russia seeks Its Place as a Great Power [M]. Simon and Schuster, New York, 1999.

[5] Emanuel Adler and Michael Barnett. A Framework for the Study of Security Communities [M] // Emanuel Adler and Michael Barnett. Security Communities. Cambridge: Cambridge University Press, 1998.

[6] James N. Rosenau and Ernst-Otto Czempiel. Governance without Government: Order and Change in World Politics [M]. Cambridge: Cambridge University Press, 1992.

[7] John T. Rourke. International Politics on the World Stage (Part V "Pursuing Peace") [M]. London: McGraw-Hill, 2001.

[8] Lilia Shevtsova. Putin's Russia [M]. Carnegie Endowment for International Peace, 2003.

[9] Mireya Solis. Last Train for Asia-Pacific Integration? U. S. Objec-

tives in the TPP Negotiations [M]. Mimeo, American University, 2011 (07).

[10] Robert Jervis. *Security Regimes* [M] //Stephen D. Krasner. International Regimes. New York: Cornell University Press, 1983.

[11] Stephen D. Krasner. International Regimes [M]. Ithaca: Cornell University Press, 1983.

[12] Zbigniew Brzezinski. The Grand Chessboard: American Primacy and Its Geostrategic Imperatives [M]. New York: Basic books, 1997.

[13] Zbigniew Brzezinski. Strategic Vision, America and the Crisis of Global Power [M]. New York: Basic books, 2012.

[14] Caves R. E. Porter M. E. From entry barriers to mobility barriers: Conjectural decisions

Charles Lipson. Why Are Some International Agreements Informal? [J]. International Organization, 1991, 45 (04).

[15] Christopher Hmeemr, Peter J. Katzenstein. Why There Is No NATO in Asia? Collective Identity, Regionalism, and the Origins of Multilateralism [J]. International Organization, 2002, 56 (03).

[16] Earle Hitchner. *The TeamNet Factor: Bringing the Power of Boundary Crossing into the Heart of Your Business* [J]. National Productivity Review, 199313 (01).

[17] Fariborz Zelli, Harro van Asselt. The Institutional Fragmentation of Global Environmental Governance: Causes, Consequences, and Responses [J]. Global Environmental Politics, 2013, 13 (03).

［18］Fuentelsaz L., Gomez J. *Multipoint competition*, *strategic similarity and entry into geographic markets* ［J］. Strategic Management Journal, 2006 (27).

［19］Haveman H. A., Nonnemaker L. *Competition in multiple geographic markets: The impact on growth and market entry* ［J］. Administrative Science Quarterly, 2000 (45).

［20］J. Michael Geringer. *Strategic Determinants of Partner Selection Criteria in International Joint Ventures* ［J］. Journal of International Business Studies, 1991, 22 (01).

［21］Jane W. Lu and Paul W. Beamish. *The Internationalization and Performance of SMEs* ［J］. Strategic Management Journal, 2001, 22 (6-7).

［22］Jeffrey H. Dyer and Harbir Singh. *The Relational View: Cooperative Strategy and Sources of Interorganizational Competitive Advantage* ［J］. Academy of Management Review, 1998, 23 (04).

［23］John J. Mearsheimer. The Gathering Storm: China's Challenge to US Power in Asia ［J］. The Chinese Journal of International Politics, 2010, 03 (04).

［24］Joshua Kucera. U. S. Blocking NATO-CSTO Cooperation ［J］. Eurasianet, 2011 (2).

［25］Joshua Kurlantzick. Let China win. It's good for America ［J］. The Washington Post, 2016 (01).

［26］Katarzyna Bańkowska, Annalisa Ferrando, and Juan Angel García.

Export Activities of Euro Area SMEs: *Insights from the Survey on the Access to Finance of Enterprises* (*SAFE*) [J]. Economic Bulletin Boxes, 2019 (08).

[27] Kenneth W. Abbott, Robert O. Keohane, Andrew Moravcsik. Ann-Marie Slaughter and Duncan Snnidal. The Concept of Legalization [J]. International Organization, 2000, 54 (03).

[28] Lester Lloyd – Reason, Kevin Ibeh, and Brynn Deprey. *Top Barriers and Drivers to SME Internationalisation*, [J]. OECD Centre for Entrepreneurship, SME and Local Development (CFE), 2009.

[29] Murmann J. P., Boeker W., Goodstein J. *Bringing managers into theories of multimarket competition*: *Ceos and the determinants of market entry* [J]. Organization Science, 2003 (14).

[30] Neda A. Zawahri, Sara Mclaughlin Mitchell. Fragmented Governance of International Rivers: Negotiating Bilateral Versus Multilateral Treaties [J]. International Studies Quarterly, 2011, 155 (03).

[31] Olin Wethington. Understanding the Chinese Economy [J]. Council on Foreign Relations, 2015 (01).

[32] Peter Spence. Oil price slump pushes Russian rouble to a new all-time low [J]. The Telegraph, 2016 (01).

[33] Philip Rucker. Hillary Clinton says Putin's actions are like 'what Hitler did back in the' 30s [J]. The Washington Post, 2014 (03).

[34] Qin Yaqing. Rule, Rules and Relations: Towards a Synthetic Approach to Governance [J]. The Chinese Journal of International Politics, 2011, 04 (02).

193

［35］Ranjay Gulati. *Does Familiarity Breed Trust? The Implications of Repeated Ties for Contractual Choice in Alliances* ［J］. Academy of Management Journal, 1995, 38 (01).

［36］Robert O. Keohane. International Institutions: Two Approaches ［J］. International Studies Quarterly, 1998, 32 (04).

［37］Shahar Hameiri, Lee Jones. Adam Sandor. Security Governance the Politics of State Transformation: Moving from Description to Explanation ［J］. Journal of Global Security Studies, 2018, 03 (01).

［38］Stephan J., Murmann J. P., Boeker W., *Goodstein J. Bringing managers into theories of multimarket competition: Ceos and the determinants of market entry* ［J］. Organization Science, 2003 (14).

［39］Upendra Baxi. Global Neighborhood' and the 'Universal Otherhood': Notes on the Report of the Commission on Global Governance ［J］. Alternatives: Global, Local, Political, 1996, 21 (04).

［40］Vasanth Kiran, Mousumi Majumdar, and Krishna Kishore. *Internationalization of SMEs: Finding a Way Ahead* ［J］. American International Journal of Research in Humanities, Arts and Social Sciences, 2013, 02 (01).

［41］Zbigniew Brzezinski. After Putin's aggression in Ukraine, the West must be ready to respond ［J］. The Washington Post, 2014 (03).

［42］European Commission. The EU's Association Agreements with Georgia, The Republic of Moldova and Ukraine ［N］. 014 (07).

［43］Japanese Institute for Overseas Investment. *Collaboration of Toyota*

Tsusho with CFAO on African strategy (*original title in Japanese*：豊田通商、CFAOと協業するアフリカ戦略）［N］. Japanese Institute for Overseas Investment，2015（09）.

［44］Mark Landler. Offering to Aid Talks，U. S. Challenges China on Disputed Islands［N］. New York Times，2010（07）.

［45］Russia and China：An uneasy friendship［N］. The Economist，2015（03）.